JN2711131

監修者——佐藤次高／木村靖二／岸本美緒

［カバー表写真］
ドゥルブルジン・アム遺跡，鹿石とヘレクスル（積石塚）

［カバー裏写真］
金製豹形飾板（楯の装飾）
（ケレルメス古墳群出土，エルミタージュ美術館蔵）

［扉写真］
オラーン・オーシグ遺跡，手前は人面鹿石

世界史リブレット98

遊牧国家の誕生

Hayashi Toshio
林　俊雄

目次

ユーラシア草原地帯とは
1

❶
騎馬遊牧民の誕生
7

❷
スキタイの起源
20

❸
草原に花開いたスキタイ美術
35

❹
遊牧国家、匈奴の勃興
55

❺
匈奴の隆盛から衰退へ
71

ユーラシア草原地帯とは

ユーラシア大陸の中央部は海洋から遠く離れ、また南側に高い山脈が連なっているために暖かく湿った風が到達せず、乾燥地帯となっている。とくに南寄りの低緯度地帯には、大砂漠が連なっている。しかし北寄りの高緯度地帯には、北方から吹いてくる湿った風の影響で若干の雨や雪が降る。ただし森林が形成されるのは山脈の北斜面だけで、それ以外の平地は草原となる。草原地帯では農耕も可能ではあるが、ある時期からは遊牧が主流となった(ただし現在は多くの地域で農耕が優勢となっている)。草原地帯と砂漠地帯とのあいだには、乾燥草原とか半砂漠と呼ばれる地帯がある。ここにもある程度草が生えるため、遊牧は十分可能であった。さらにその南でも、天山山中の草原のように標高が高くて農耕に適さない地域は、遊牧民の天地となった。

具体的に草原・半砂漠地帯がどのような地域に広がっているか、みてみよう。東はモンゴル高原東部の大興安嶺山脈から、西はドナウ川中流域のハンガリー平原にいたるまで、八〇〇〇キロにわたって広がっている。その東部は北中国の一部を含み、中央部は中央アジアと西アジアのオアシス地帯の一部とかさなり、西部は東ヨーロッパの一部を含む。それほど広大な地域を、歴史的に一つにまとまった存在として論じてよいのかと思われるかもしれない。しかしスキタイ▲時代から匈奴《きょうど》▲時代にかけて、ここには比較的共通した文化・慣習・生活様式をもつ騎馬遊牧民が、相互に交流を保ちつつ、独自の世界を形成していたのである。

ユーラシア草原地帯の地理的特徴について、もう少し話を続けよう。じつは、草原地帯は東西交通の重要なルートにもあたっている。ためしに、ユーラシア大陸東西の中心的都市を直線で結んでみよう。まず、すべての道がつうじるといわれたローマと、元代以降中国の首都となった北京(すでに戦国時代に燕《えん》国の都があった)を結ぶとどうなるか。手元に地球儀があれば、紐で結んでみるとよ

▼スキタイ　本来は前七～前四世紀に北カフカスから黒海北岸で支配的であった騎馬遊牧民にたいしてギリシア人が与えた名称。イラン系の言語を話していたと考えられている。独自の文字はもたなかった。彼らと同じような文化がはるか東方のモンゴル高原・中国北部にまで広まっており、しかも年代は東方が早いこともわかってきたため、ユーラシア草原地帯の前八／七～前四世紀をスキタイ時代と呼ぶ。前四～前三世紀に東方からサルマタイの圧迫を受けて衰退し、消滅。

▼匈奴　前三世紀後半に中国北方にあらわれた騎馬遊牧民集団。漢文史料に記録されている彼らの官称号、人名などから、テュルク(トルコ)系かモンゴル系の言語を話していたと考えられる。独自の文字をもっていたとする説もあるが、根拠はない。前二世紀には東は大興安嶺から西は中央アジア東部までを支配下においた。前一世紀なかごろ、東西に分裂して東匈奴は前漢に臣属し、西匈奴は滅んだ。東匈奴は一世紀なかごろに南北に分裂し、南匈奴は後漢に臣属した。

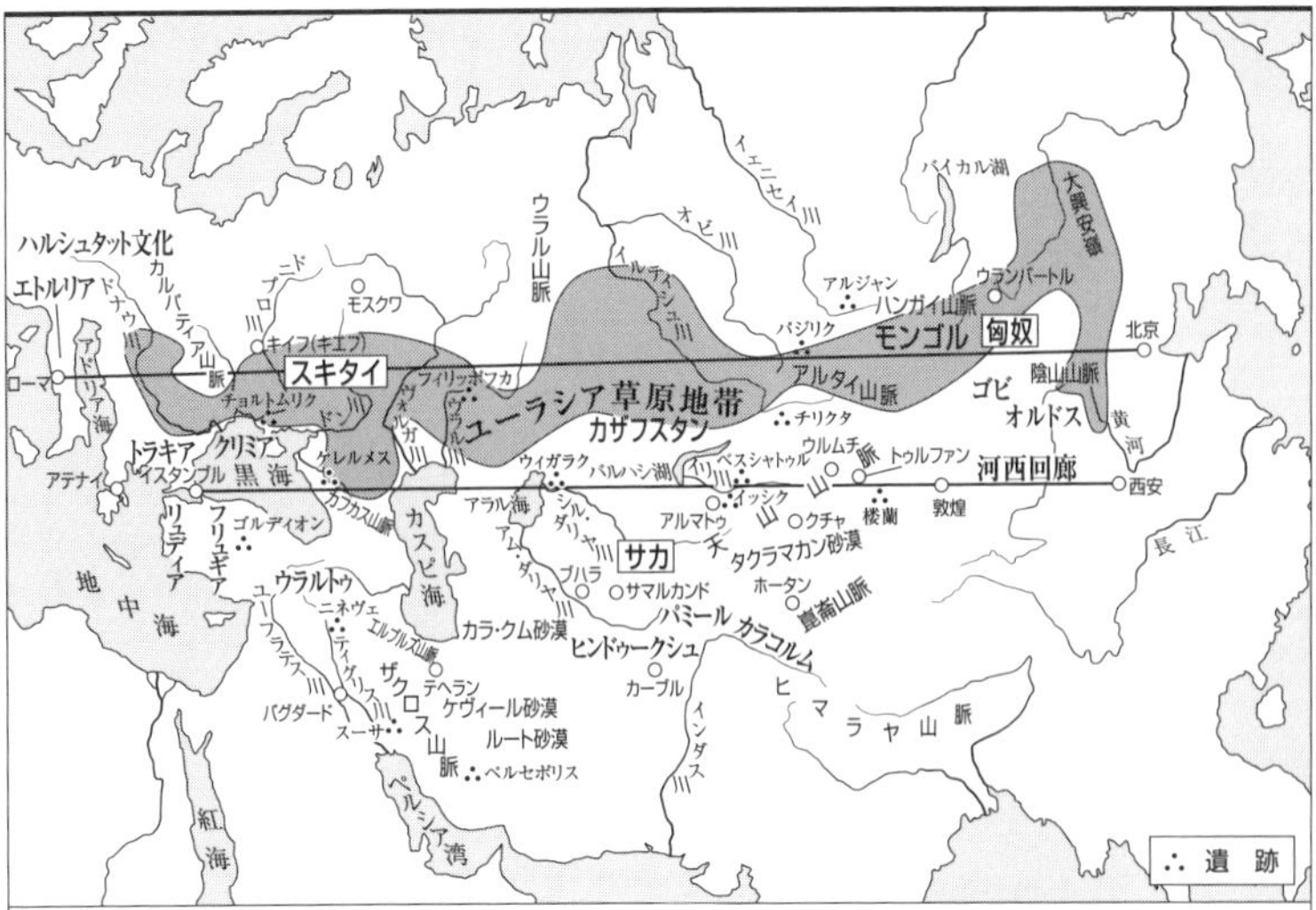

中央ユーラシアの主要な騎馬遊牧民

モンゴル西北部のオラーン・オーシグ遺跡で最大の積石塚と家畜の群れ　手前の山には木はないが、左手背後の山（北斜面）は森林でおおわれている（一六頁参照）。

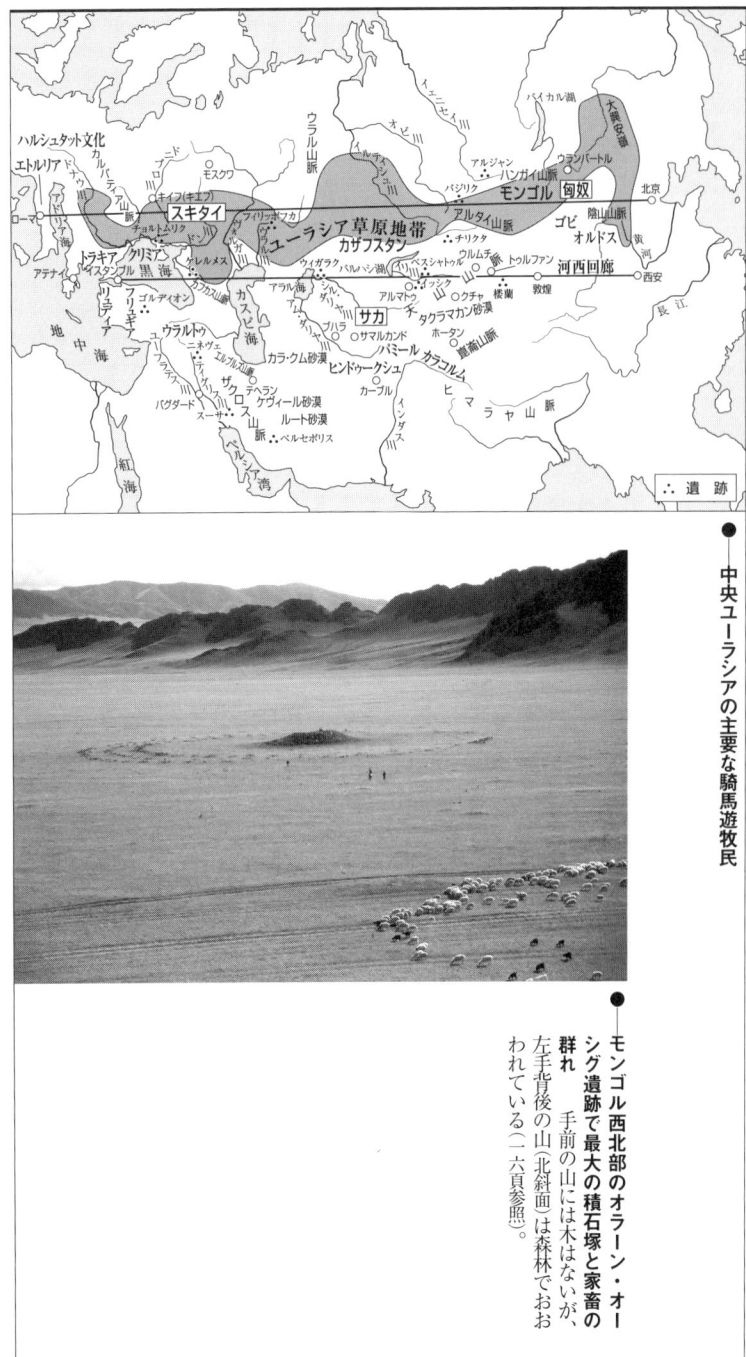

いが、本書では地球儀に比較的近いランベルト図法で描いた地図上で、ローマから北京までのルートをたどってみることにする。

ローマを出るとアドリア海をわたってセルビアの首都ベオグラード付近を通り、ルーマニア北部でカルパティア山脈を横切ってウクライナにはいる。後期スキタイ時代の大型古墳が集中する地域のやや北を進んでヴォルガ川をこえると、初期サルマタイ▲時代では最大のフィリッポフカ古墳の北側を通ってウラル山脈の南端をかすめる。それからカザフスタン北部を進み、アルタイ山脈北部のパジリク古墳群(五〇頁参照)付近を通過すると、モンゴル高原を北西から南東に斜めに横切り、万里の長城をこえればすぐに北京である。このルートは、カルパティア山脈から万里の長城まで、すなわち全行程の九割近くが草原地帯を通っていることになる。

つぎに、イスタンブル(かつてのコンスタンティノープル)と、西安(シルクロードの終着点ともいわれる古都長安)を結んでみよう。イスタンブルを出ると黒海を斜めに横切り、初期スキタイ時代の大型古墳が多い北カフカスを通り、カスピ海の北部をかすめる。ヴォルガ河口には、七〜十世紀に遊牧国家ハザル▲の首

▼サルマタイ　前四〜前三世紀、ウラル山脈南部から西進してスキタイを圧迫し、北カフカスから黒海北岸を支配した騎馬遊牧民。言語的にはスキタイと同じイラン系と考えられている。その祖先はウラル南部にいたサウロマタイとも、またカザフスタン北部にいた別の遊牧民ともいわれているが、確証はない。

▼ハザル　カスピ海・黒海北岸を支配した、言語的にはテュルク系の遊牧国家。カフカスをこえて現アゼルバイジャン、アルメニア地域にしばしば侵入し、アラブ・イスラーム勢力と衝突したが、ビザンツとは比較的良好な関係を保っていた。都市を建設して交易を活発におこない、支配層は九世紀初めにユダヤ教に改宗した。

都として栄えたイティルがあった。さらにアラル海の北岸をかすめ、初期サカ▲時代から中世にかけて遊牧民の遺跡が集中するシル・ダリヤ河口付近を通り、カザフスタン南部を横断してイリ川を遡る。イリ川流域にはサカ時代から突厥《とっけつ》▲時代にかけて重要な遺跡が目白押しである。天山山脈をこえると、トゥルファンの南方に出て、砂漠のなかを進めば敦煌《とんこう》である。そこから河西《かせい》回廊のオアシス地帯を通過して黄河をわたり、しばらく進むと西安にいたる。このルートでは、全行程の半分強にあたる北カフカスから天山までが、草原と半砂漠の遊牧地帯に属する。

　東西交流の代名詞ともなっているシルクロードは、おおまかに北から草原ルート、オアシス・ルート、海上ルートの三つのルートに分けられるが、そのなかではブハラやサマルカンド、ホータンなど、中央アジアのオアシス都市をつなぐオアシス・ルートが主要路線と一般に思われている。しかし大陸の東西を結ぶ最短コースは、このように草原地帯を通る草原ルートなのである。さらに草原地帯には、こえがたい大砂漠や険阻《けんそ》な峠も少ない。

　このような地理的な利点のほかに、草原地帯には人為的な利点もあった。そ

▼サカ　中央アジアの草原地帯にいた騎馬遊牧民にたいしてアケメネス朝ペルシア(四〇頁参照)が与えた総称。ヘロドトスは、ギリシア人のいうスキタイと同じとする。漢文史料にみられる塞(そく)にあたると思われる。前一世紀に南下してインドにはいった一部のサカを、インド・スキタイとも呼ぶ。

▼突厥　六世紀なかごろ、アルタイ、モンゴル高原を中心として勃興したテュルク系遊牧国家。五八三年ころ東西に分裂し、六三〇～六五〇年代には唐に服属した。しかし東突厥は六八〇年ころ復興し、独自の突厥(オルホン)文字を創造した。ソグド人を介して活発な交易活動をおこなった。七四四年、ウイグルなどによって滅ぼされた。

れは、この地域の主人公が騎馬遊牧民だったことである。南方の定住農耕オアシス地帯では、都市国家が多く並立して大きな領域を占める統一国家はなかなか生まれなかったが、草原地帯ではひとたび遊牧国家が興ると、かなりの大国に成長することがあった（モンゴル帝国はその最大の例）。そのような大国が生まれると、そのなかでは交通がスムーズになり、商業活動や文化交流が促進されることになった。

オアシス地帯の住民も遊牧政権を頼って、広く交易や商業・金融活動に精を出し、遊牧国家の内部に深く食い込んでいたことがよく知られている（ソグド人▲が突厥やウイグル可汗国▲と共存共栄関係にあったことが有名）。このような遊牧国家は、中央アジアのオアシス地帯だけでなく、隣接する中国や西アジア、ヨーロッパにまで影響をおよぼすこともあった。

本書では、騎馬遊牧民と遊牧国家がどのようにして、いつごろ誕生したのか、遊牧国家の特徴はなにか、という問題を、文献史料と考古学資料を使って、検討していく。

▼ソグド人　今日のウズベキスタン東部からタジキスタンにかけてのオアシス地帯に住んでいた、言語的にはイラン系の人々。その名はアケメネス朝時代から知られているが、とくに五〜九世紀にシルクロード沿いに交易ネットワークを築き上げ、遊牧国家とも関係を保ちつつ、中国と西方との交易活動に従事した。

▼ウイグル可汗国　突厥にかわってモンゴル高原を支配したテュルク系遊牧国家。唐と活発な絹馬交易をおこなった。その支配層はマニ教を信奉した。その支配層が都城を築いて宮殿に居住し、その周辺で大規模に農耕を展開したことは、遊牧国家の歴史のなかで画期的であった。八四〇年に滅んだが、一部は西方に逃れて再興した。

①―騎馬遊牧民の誕生

騎馬遊牧民と「騎馬民族」

騎馬遊牧民という言葉を分解すると、騎馬＋遊牧＋民となる。民が人間集団であることは説明するまでもないが、残りの二つについては初めにいささか解説しておきたい。

遊牧とは牧畜の一種で、定期的に牧地をかえながら移動する形態を指す。牧畜は農耕と並んで、食糧と衣料を獲得するための代表的な生産手段である。それに移動という要素が加わると、住環境と生活様式が大きく影響を受け、住居(テントの生地)さえも牧畜生産によってえることになる。英語では遊牧民を(pastoral) nomads といい、遊牧を nomadic pastoralism とか、たんに nomadism という。

騎馬とは馬の背に乗ることであり、騎乗ともいう。騎の右側の奇は、「かぎ形にまがる」、すなわち両足をまげ、またがって乗ることを意味する。したがって、横座りは本来の意味での騎乗とはいえない。英語では horseback riding(馬の背に乗る)といい、騎馬遊牧民はmounted nomads(馬にまたがって乗る遊牧民)とかnomadic horsemenなどという。

現在、騎馬遊牧民の分布はモンゴル高原からアルタイ、天山山脈、カラコルム・ヒンドゥークシュ両山脈周辺にかぎられるが、かつてはユーラシア草原地帯に広く分布していた。一方、馬を乗用としない遊牧民も多い。アフリカの遊牧民は馬を乗用とせず、北極圏近くやシベリアの一部には馬のかわりにトナカイを使う遊牧民もいる。

ところで、騎馬遊牧民に似た用語に、騎馬民族というのがある。これについても一言述べておこう。これは、江上波夫《えがみなみお》▲が戦後まもなく提唱した学説とともに広く知られるようになった言葉である。江上はユーラシアの民族を農耕民・遊牧民・狩猟民に分け、そのうち遊牧民が騎馬民族に変質して農耕民族と対立抗争することになったが、それらの民族を包括的に支配する国家を形成したのはもっぱら騎馬民族であったと説いた。その例として日本の古墳時代の大和政権成立を取り上げ、それは大陸から東北アジア系の騎馬軍団が征服者として渡来して打ち立てられたとする説を提唱した。天皇家が日本起源ではなく大陸出

▼**江上波夫**(一九〇六~二〇〇二)考古学者、東洋史家。一九三〇~四〇年代に長城地帯で考古学・民族学調査をおこない、そのさい遊牧民と農耕民の違いに着目して騎馬民族説の発想をえたという。一九四八年に騎馬民族説を発表して、大きな議論を巻き起こした。

身であるとするこの騎馬民族説は、とくに一般の歴史愛好家からは広く支持を集めたが、歴史学・考古学の専門家からはおおむね拒否・無視され、考古学者の小林行雄《ゆきお》や佐原真《さはらまこと》らによる批判があいついだ。

この学説が、天皇家にたいする言及をはばかる戦前の呪縛を解いたことと、日本古代史を大陸との交流のなかでとらえようとしたことは評価すべきであろう。また、この説の日本にかんする部分の当否は筆者には判断しかねるが、ユーラシア大陸では比較的少数の武装集団が他地域に侵入して征服者となる例は、いくらでもあげることができる。ただしそのような集団を「騎馬民族」と称することには抵抗を覚える。

民族という用語は、歴史学で国家や政治権力と結びつけて使われる場合には、近代における政治的に独立した国民国家やそこから独立をはかろうとする集団にたいする呼称として用いられる。そして現代の政治的指導者が、国民的まとまりがあたかも古代から連続して存在したかのように説明するとき、民族という言葉がしばしば使われる。時代性を超越する人類学では、民族はエトノスと言い換えられて無色透明な用語として使われることもあるが、時代性を無視することのできない歴史学では、近代的においのしみついた民族という概念を、古代や中世の国家、とくにユーラシア草原地帯の騎馬遊牧民がつくった国家に適用することは、どうしても躊躇せざるをえない。そこで本書では騎馬遊牧民という用語でとおしていきたい。

動物の家畜化

遊牧がいつどこで始まったのか、騎馬の起源はいつか、また遊牧民が馬に乗るようになったのはいつか、という問題は、まだ完全には解決がついていない。さまざまな説があり、論争もある。それらをいちいち紹介する余裕はないので、ここでは現在もっとも妥当だと思う説を中心に述べていくことにする。

人類が最初に家畜化した動物は、羊とヤギであった。その場所は西アジアの地中海に近い地域、今日のトルコ(アナトリア)東南部、いわゆる肥沃な三日月地帯▲の一部であった。年代は前八六〇〇〜前八〇〇〇年ころであったと考えられている。その少し前に人びとは大規模な定住的集落をいとなむようになり、農耕(野生麦の栽培化)を始めていた。また彼らは集団で追い込み猟をおこない、

▼**肥沃な三日月地帯**　地中海東岸のレバノン山脈からイラン西南部のザグロス山脈にかけての弧状の山麓地帯。秋から冬に地中海から吹く湿った風が山脈にあたって雨や雪が降り、麦が自生して野生のヤギや羊も生息していた。

ヤギを数珠繋ぎにして並ばせ、搾乳するモンゴル人の少女　西モンゴル、ホブド県、アルタイ山中（一九九五年）。

羊やヤギを群れごと捕獲して集落のなかに設けた囲いに収容し、一度に全部は殺さずに一部は生かしておくようになった。その囲いのなかで子どもが生まれれば、その子どもはもはや野生ではなく、家畜に近い。囲いのなかで世代交代が起これば、完全な家畜の誕生である。農耕がおこなわれていれば、穂だけ刈り取られたあとに残った茎が家畜の餌にもなる。つまり、大型定住集落と農耕の確立が、家畜化の前提だったのである（藤井純夫《すみお》『ムギとヒツジの考古学』、鞍田崇編『砂漠・牧場の農耕と風土』）。

家畜化の目的が、まず食肉の安定した供給にあったことはまちがいない。屠畜すれば、毛皮を手にいれることができる。しかし羊は、殺さなくとも羊毛だけを刈って利用することもできる。紡いで毛糸にし、それを織れば布をつくることができる。羊毛のまま水を利用してかため、フェルト（不織布）をつくることもできる。また一頭ごとの乳量は少ないが、羊とヤギは数十頭まとめて搾乳すればかなりの乳量をえることができる。ミルクのままではくさりやすいが、加工してチーズやバターなど、さまざまな保存のきく乳製品をつくりだすことができる。

ただし食肉以外の利用法がいつごろから始まったのかについては、議論が分かれる。家畜化した直後から始まったとする説もあるが、ある程度遅れて、一〇〇〇～二〇〇〇年遅れて始まったとする説のほうが有力のようだ。フェルトは防水性と保温性に優れており、テントの生地に適している。また保存のきく乳製品は、移動をつねとする人びと、遊牧民にとっては重要な食料である。フェルトのテントや乳製品の開発は、かならずしも遊牧に不可欠の条件ではないが、遊牧を促進する要因にはなったであろう。

羊・ヤギにあまり遅れることなく、肥沃な三日月地帯の西北部にあたる北シリアで、牛と豚の家畜化も進行したらしい。馬の家畜化の年代については、現在議論が真っ二つに割れている。前四〇〇〇～前三五〇〇年ころに草原地帯で馬の騎乗が始まったとする説と、前三〇〇〇年ころからようやく肉用に馬を飼うことが草原で始まり、前二〇〇〇年ころからメソポタミアで騎乗が始まったが、普及するのは前十～前九世紀とする説が対立しているのである。しかし、近年の考古学の発掘成果とその分析にもとづいて、前者の説を主張する論者が増えているが、まだ決着はついていない。

トルコ東北部で最近まで使われていた円盤状車輪をもつ二輪車　車体は上から見るとA字形を呈しており、これももっとも古い形式を残している(一九七七年)。

遊牧の発生と騎馬遊牧民の誕生

西アジアでは、前五五〇〇年ころから始まった気候の温暖化がとくにこの地域では草原の乾燥化という現象を引き起こし、農耕を捨てて遊牧を選ぶ道を開いたという考え方もある。自然環境だけでなく、人間社会のほうでも遊牧を促す素地が整いつつあった。家畜化が完成し、群れとして統御する再生産体制が整ってしまえば、集落にとどまる必要はなかった(もともと彼らは移動する狩猟採集民だった)。一部の集落が都市に発展すると、その周辺では麦の栽培が拡大し、羊は外に押し出されることになった。肥沃な三日月地帯からはずれた乾燥地はそれまで無人の荒野であったが、そこに遊牧民が進出することによって、西アジア各地を結ぶ交易ルートも選択肢がふえることになった。しかしこの段階の遊牧民はまだテントはもたず、キャンプ周辺で調達できる建築材料で簡易的な住居をつくっていたと思われる。

農耕と牧畜の混合した文化は、前六千年紀(前六〇〇〇～前五〇〇一年)にバルカン半島からカフカス、中央アジア南部を経由して、ユーラシア草原地帯に到達した。しかし、草原地帯の遊牧化はかなり遅れたらしい。集落が都市に発展することがなく、羊が外に押し出されることもなかったため、遊牧にでる必要がなかったのである。

　草原地帯の遊牧化を促した要因は、気候の乾燥化、移動のさいに便利な車と、騎馬の導入であった。車は前三五〇〇年ころ、メソポタミアとヨーロッパで別個に発明された可能性がある（車の起源にかんしては、コロ説、ソリ説、その折衷説など、いろいろある）。車輪は円盤状で重く、牛ならば牽《ひ》けるが、かりにこのころ馬が家畜化されていたとしても、馬が牽くのには適していない車両であった。車は二〇〇〇～三〇〇〇年のうちに、草原地帯西部に広まったらしい。

　前二五〇〇年ころから気候は徐々に乾燥化し、草原地帯は農耕よりも牧畜に適した風土になったが、地域によって差があった。ウラル山脈の東側のほうがより乾燥化が進んだらしい。このころにはすでに銅の冶金《やきん》が伝わっていたが、まだ実用的な道具がつくられるほどの段階ではなかった。前二〇〇〇年を少し過ぎたころから、草原地帯でも銅よりかたい青銅がつくられるようになった。それから前一三〇〇年ころまでの文化を、ウラルより西ではスルブナヤ（木槨

▼スルブナヤ文化　スルブナヤはロシア語の「スルブ（木槨）」の形容詞形。長方形の穴のなかに丸太を組んで木槨をつくり、そのなかに遺体を屈葬でおいて低いマウンドでおおった。ウクライナからウラル山脈にかけて分布。定住集落をいとなみ、農耕と牧畜（豚をともなう）をおこなう。

▼アンドロノヴォ文化　文化名は南シベリアの遺跡に由来。前期には火葬もある。土器に雷文や卍文などの幾何学文様があるのが特徴。このタイプの土器は南ウラルからカザフスタン、南シベリア、中国の新疆北部まで広く分布。農耕牧畜複合経済だが、豚はいない。

▼カラスク文化　南シベリア、ミヌシンスク盆地にある遺跡より命名。この文化に特徴的な青銅短剣は、中国北部からカザフスタン、さらには黒海北岸にまで分布している。ナイフなど青銅器全体としてみると、中国北部の紀元前十世紀前後の文化と関係が深い。

▼銜と銜留め具　馬を御するための道具。馬の下顎には歯が生えない箇所があり、そこに棒状あるいは二枝連結式の銜を挿入し、その両端に銜留め具（日本の馬具用語では鏡板）を着けて手綱を出し、銜留め具の孔から面繋（〈おもがい〉頭部にかける革紐）を出す。

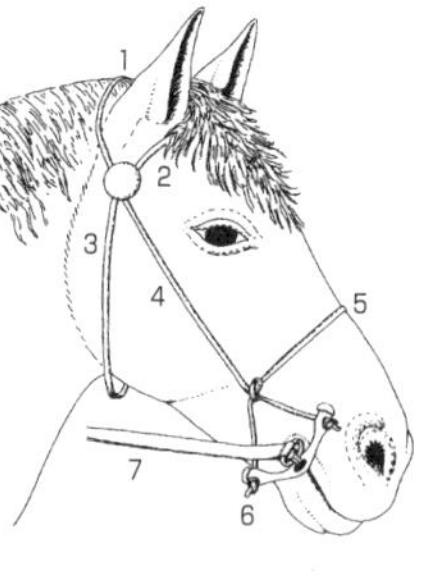

後期青銅器時代の馬具装着推定復元図　1〜5面繋（1うなじがわ、2ひたいがわ、3のどがわ、4ほおがわ、5はながわ）、6銜留め具、7手綱。

墓）文化▲、ウラルより東ではアンドロノヴォ文化▲と呼ぶ。両文化のあいだには関係があったことがうかがわれるが、詳しいことはまだわからない。とにかくこのころでも、まだ定住のほうが主流であった。

前一三〇〇年ころから草原地帯東部では、カラスク文化▲と呼ばれる後期青銅器文化が始まった。青銅器生産はかなり進歩し、鋭利な短剣やナイフ、斧、馬具（銜《はみ》と銜留め具▲）がつくられるようになった。草原地帯に騎馬が普及したのは、カラスク文化の後期（前十〜前八世紀）と思われる。ここにようやく騎馬遊牧民が誕生することになる。馬に乗って家畜を追い、季節によって牧地を移動することが可能となり、遊牧民の行動範囲はいっきょに広まった。

騎乗は、遊牧民に移動の便利さをもたらしただけではなかった。性能の低い古代の車と違って、馬は急発進、急停止、急旋回ができるという利点がある。そしてなによりも馬は速い。十九世紀前半に蒸気機関車が実用化されるまで、馬はもっとも速い乗物であった。この機動性とスピードは、集団となったとき、とりわけ軍事面で効果を発揮することになった。強力な騎馬軍団を背景に、南方の定住農耕地帯を脅かす騎馬遊牧民集団の登場である。

王権の象徴——大型古墳の造営

世界各地で古代王権が誕生したところには、しばしば王権を象徴するようなモニュメンタル(記念碑的)な構築物がつくられる。エジプトでは古王国時代の初期に最大のピラミッドがつくられた。日本でも大和政権が成立した時代に大小さまざまな古墳がつくられ、その規模の違いは社会的地位の差をあらわすものと考えられている。それでは草原地帯ではどうだろうか。もっとも古い騎馬遊牧民の古墳を求めて、われわれ日本・モンゴル合同調査団は一九九九年から調査を始めた。

われわれが選んだ発掘候補地は、モンゴル国西北部のフブスグル県にあるオラーン・オーシグ遺跡であった。そこには円形あるいは方形の石囲いでかこまれた数多くの積石塚《つみいしづか》(草原考古学の用語ではヘレクスル▲という)と鹿石《しかいし》▲がある。あまり大きい積石塚は発掘するのが大変なので、われわれは小規模なものを発掘した。それは、積石塚の直径が一二〜一三メートル、高さが二メートル弱で、それを一辺が二五〜三〇メートルの方形石囲いがめぐっており、その外側に東半分を取り囲むように小さな石堆《せきたい》が二一基つくられている。

▼ヘレクスル　モンゴル語でクルグズ(キルギス)人の墓を意味するヒルギス・フールを、十九世紀のロシア人研究者がヘレクスルと聞きとったことに由来する。モンゴル、トゥバ、アルタイ、天山に分布。まわりの石囲いは、円形、方形以外にさまざまなかたちがある。墓ではなく太陽崇拝の祭祀遺跡とする説もある。

▼鹿石　鹿の図像が浅く彫り込まれた高さ一〜三メートルの石柱(角柱が多く円柱は少ない)。鹿のほかに耳飾りや首飾り、弓矢と盾、帯、短剣とナイフなどが表現されているため、人面はなくても(まれにあるが)戦士をあらわしたものと考えられる。分布地域はヘレクスルにほぼかさなる。

●鹿石　上部に耳飾り、下部に帯とカラスク式短剣が表現されている。オラーン・オーシグ遺跡、高さ二四〇センチ。

●鹿石　人面が浮彫りされためずらしい例。オラーン・オーシグ遺跡、高さ二一八センチ。

●鹿石　初期スキタイ美術に特徴的な、爪先立った鹿が表現されている。モンゴル中西部、ドゥルブルジン・アム遺跡、高さ二〇〇センチ。

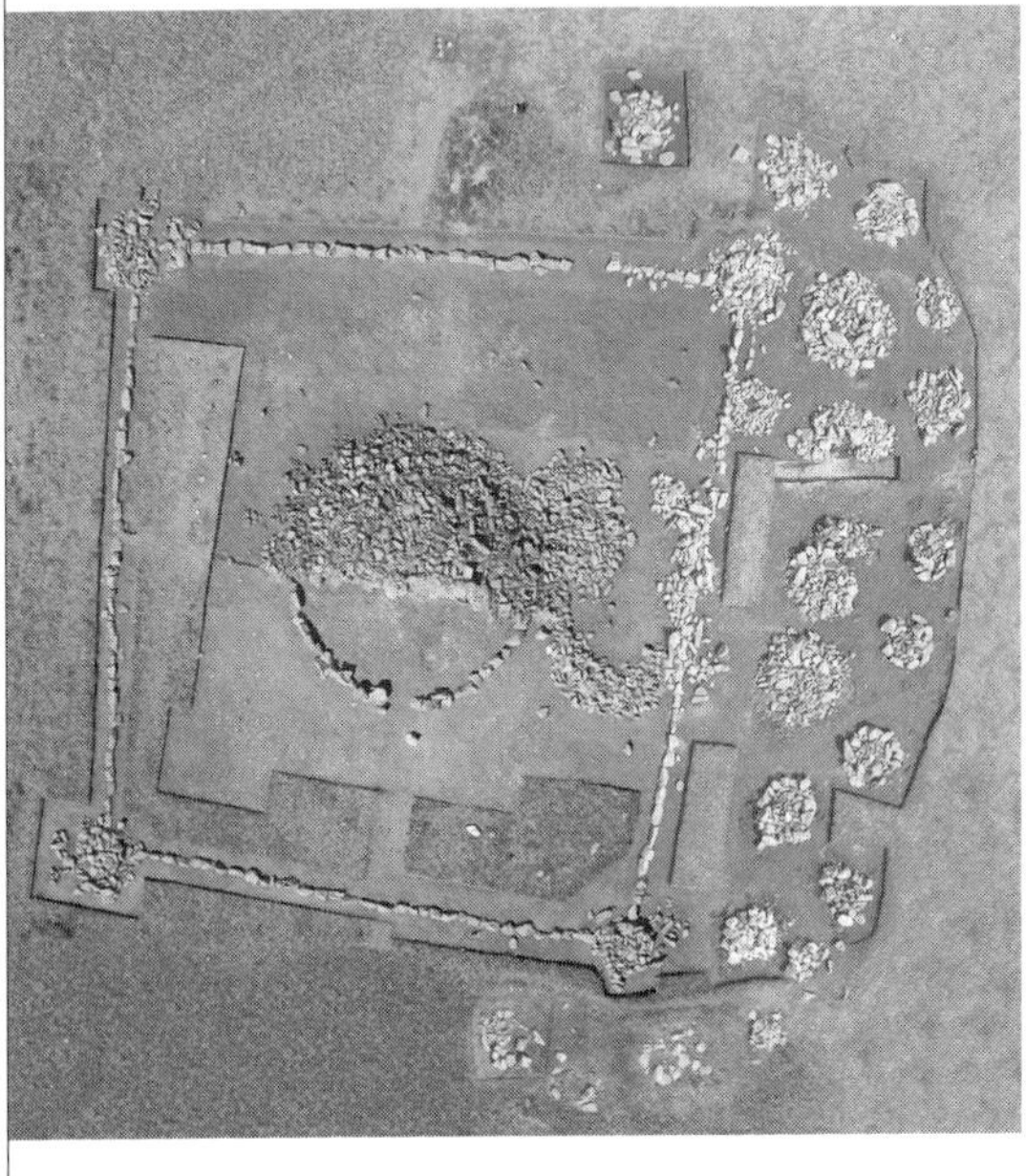

●オラーン・オーシグ遺跡Ⅰ-1号ヘレクスル　積石塚の南半分を除去したところ(二〇〇三年、凧による撮影)。

オラーン・オーシグ遺跡、鹿石周辺のストーンサークル　サークルのなかに馬の頭蓋骨と頸椎が発見された。出土した馬骨四点を炭素14年代測定法(三二頁参照)で分析したところ、ヘレクスル周辺の二点は前一二〜前一〇ないし前九世紀、鹿石周辺の二点は前一三〜前一〇世紀と前一〇〜前九世紀という結果が出た。

中央の積石塚の下の石槨からは人骨も副葬品も発見されなかったが、東側の二一基のほとんどの石堆から鼻面のさきを東に向けた馬の頭蓋骨と頸椎《けいつい》が平行におかれて発見された(一部の石堆からは骨の断片のみ出土)。いくつかの石堆からは馬の蹄《ひづめ》と尾椎骨《びついこつ》も発見された。このことから、この墓に葬られた人の葬儀に二一頭の馬が犠牲に捧げられ、肉は参会者が食べてしまったが、頭と首、蹄と尾だけが石堆の下に埋納されたことが推定される。おそらく墓の主の親類縁者二一人あるいは二一家族が馬を一頭ずつ供出したのであろう。

注目すべきことは、まったく同じ状況が鹿石のまわりにもみられたことである。このヘレクスルから南へ四〇〇メートルほどのところに、鹿石が数多く立ち並んでいる。そのまわりに直径二〜三メートルのストーンサークルが集中しているが、それらのストーンサークルからもすべて東を向いた馬の頭蓋骨と頸椎、蹄が発見されたのである。同じ儀礼をおこなっていることからみて、ヘレクスルをつくった人びとと鹿石を立てた人びととは同じと考えられる。鹿石には、カラスク文化に特徴的な短剣と、初期スキタイ時代(前八〜前六世紀)に典型的な動物文様、さらにその両方が同時に表現されたものがあるため、その年

モンゴル中西部、ジャルガラントの大型ヘレクスル

代は前十三～前六世紀と推定され、炭素年代によっても確認された。そこでヘレクスルの年代もそれとほぼ同じとみてよいだろう。

われわれの発掘したヘレクスルは、かなり小さいほうである。筆者の知るかぎり、モンゴルで最大のヘレクスルは石囲いの一辺が二〇〇メートル以上、中央の積石塚の高さが五メートル、外側の石堆が一七〇〇基以上もある。アメリカの調査団が試みに石堆のいくつかを発掘したところ、やはりかならず東を向いた馬の頭蓋骨と頸椎が出土したという。ということは、このヘレクスルに葬られた人には一七〇〇頭以上の馬が捧げられたことになる。それだけの馬を供出させることのできた人物は、相当の権力をもっていたに違いない。この遺跡の炭素年代は前十～前八世紀とされているので、大型墓の主である「王」のような存在がその時代に登場していたことが推測される。しかしその名前も実態も、今のところよくわからない。ややはっきりしてくるのは、草原地帯の西部にスキタイがあらわれてからであり、支配体制や社会制度がわかるのは、草原地帯東部に匈奴《きょうど》が勃興してからである。

②—スキタイの起源

草原に適応した社会

世界史の舞台に遊牧国家として最初に名前を記したスキタイ、そしてそれに続いてユーラシア草原の東部にあらわれた匈奴《きょうど》は、当時の先進的な定住農耕地帯であったギリシアや西アジア、中国にたいして、それに匹敵するかあるいはそれを凌《しの》ぐ強大な軍事力によって、その名をとどろかせた。また、それらの地帯の国家とはまったく異なる社会制度をもっていたことも、定住社会の住民にとっては驚異であった。そのため定住社会からは偏見をもって蔑視され、悪魔の申し子とか人間よりも鳥や獣に近い野蛮な存在とみなされてきた。

しかしそのような時代状況のなかでも、草原では遊牧がもっとも適した生活様式であり、遊牧民には彼らなりの価値観が存在することを認めることのできる、柔軟な思想の持ち主もいた。ヘロドトス▲と司馬遷▲である。人間にたいする深い洞察力をもち、また物事を客観的にしかし同時に読者の興味を引きつける書き方をすることができたこの二人は、歴史家としての最高の資質をかね備え

▼ヘロドトス（前四八五頃〜前四二四頃）　ギリシアの歴史家、通称「歴史の父」。小アジア西南部のハリカルナッソス（現トルコ領ボドルム）の上流家庭に生まれ、おじに叙事詩人がいる。各地を遍歴し、当時の超大国アケメネス朝ペルシアとギリシア人がなぜ戦うことになったのかというテーマの「調査研究（ヒストリエー）」を叙述したものが、著作『ヒストリエー』である。その言葉はその後「歴史」の意味で使われるようになった。

▼司馬遷（前一四五／一三五〜前九三／八七）　前漢、武帝（在位前一四一〜前八七）に仕えた史官。父、司馬談（しばたん）の後を継いで『史記』を完成させ、中国の「歴史の父」と呼ばれる。『史記』は秩序だって構成されており、伝説上の五帝から武帝にいたるまでの重要なできごとを年代記風に叙述した「本紀」と、人物の伝記や異国の事情を記した「列伝」、そのほかからなる。司馬遷は権威におもねることなく、客観的な視線を保ちつつ、同時に人情の機微を描くこともたくみで、『史記』は文学作品としても高く評価される。

ていたということができる。その著作が東西の史書の最高峰に位置づけられ、今なお読み継がれているのも当然であろう。

　興味深いことに、両者の語るスキタイと匈奴の風俗習慣は驚くほどよく似ている。それを比較してみよう。

ヘロドトス『歴史』巻四（松平千秋訳、岩波文庫）	司馬遷『史記』巻一一〇、匈奴列伝（筆者訳）
「町も城壁も築いておらず」	「城郭や定住地……はない」
「その一人残らずが家を運んでは移動してゆく」	「水と草を求めて移動し」
「騎馬の弓使いで」	「壮年になると力強く弓を引き、みな甲冑をつけて騎兵となる」
「種も蒔かねば耕す術も知らない」	「耕田の作業はない」
「生活は……家畜に頼り」	「牧畜の便に従って転移する」
「ペルシア王が……向ってきた場合	「有利とみれば進み、不利とみれば退

には……逃れつつ……撤収し、ペルシア王が退けば追跡して攻める」

き、遁走を恥としない」

以上の共通点を整理すると、つぎのようになろう。

(1) 農耕をおこなわない純粋の遊牧民である。
(2) 家畜とともに移動し、定住する町や集落をもたない。
(3) 弓矢にとくに優れ、男子は全員が騎馬戦士である。
(4) その戦術は機動性に富み、かつ現実的であって、不利なときにはあっさり退却する。

これらの共通する特徴は、いずれも定住農耕地帯の文化・社会・道徳の基準とはまったく正反対であった。スキタイと匈奴がこれほどに似ているのは、偶然ではない。ユーラシア草原の自然環境が、彼ら騎馬遊牧民が誕生するのに適しており、また隣接地域をも含めて、彼らが登場し、活躍するのにふさわしい歴史的条件が整ってきていたからである。

ヘロドトスの語るスキタイの起源神話

ヘロドトスは、『歴史』巻四の五〜一二節で、スキタイの起源にかんする三つの説を紹介している。第一の説は、スキタイ自身が語り伝えているものである。ギリシアの最高神ゼウスと黒海にそそぐボリュステネス川（今日のウクライナを流れるドニプロ川）の娘とのあいだに、タルギタオスという男が無人であった地に生まれた。この男には上から順番にリポクサイス、アルポクサイス、コラクサイスの三子が生まれた（三子の母親については言及がない）。この三人が支配していた時代に、天から黄金の器物――犂《すき》とくびき（犂や車を牽《ひ》かせるために馬や牛の首につける道具）、戦斧《せんぷ》と盃《はい》――が落ちてきた。長兄と次兄がそれをとろうとすると黄金が燃え出し、近づくことができなかったが、末弟がそばへ行くと火は消えたので、末弟はそれをわが家へもって帰った。そこで二人の兄は末弟に王権をゆずることに同意した。その末弟から王族が発し、ギリシア人からスキタイと呼ばれることになったという。

一方、黒海地方在住のギリシア人は、やや異なる説を伝えている。ギリシア神話で最大の英雄ヘラクレス▲が、ゲリュオネウスという三頭三身の怪物を倒し、

▼**ヘラクレス**　ギリシア神話で怪力の英雄。彼は誤って自分の妻子を殺してしまったことを悔い、神託に従って十二の功業（怪物退治などの試練）をはたす旅にでる。まずネメアの谷でライオンを絞め殺して皮をえた。十番目にはゲリュオネウスという怪物を退治し、それが所有していた牛の群れをつれ帰った。

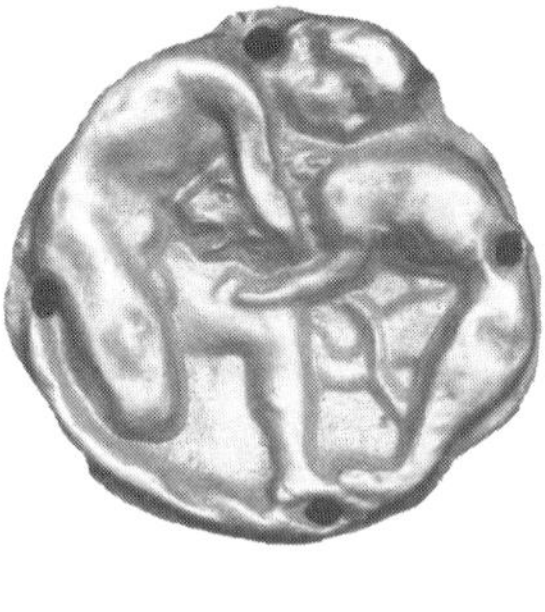

金製衣服装飾　ライオンを絞め殺すヘラクレスをあらわす。黒海北岸、チョルトムリク古墳出土、前四世紀末、直径二・二センチ、エルミタージュ美術館蔵。

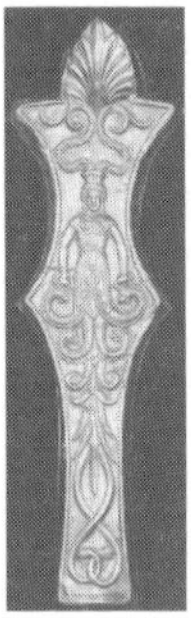

金製馬面　下半身が蛇のようになった女神をあらわす。黒海北岸、大ツィンバルカ古墳出土、前四世紀、高さ四一・四センチ、エルミタージュ美術館蔵。

怪物が所有する多数の牛をつれ帰る途中、そののちスキタイが住むことになる無人の地を通りかかった。そのとき季節は冬で酷寒にみまわれ、ライオンの皮を引きかぶって眠ってしまった(彼はかつて退治したライオンの皮をつねに携行していた)。するとその間、車のくびきからはずされて草を食べていた馬が神隠しにあったように姿を消してしまった。目を覚ましたヘラクレスは馬を探しまわったすえに、ボリュステネス川の東に広がる森林地帯にやってきた。ヘラクレスはその地の洞窟のなかに、上半身が乙女で下半身が蛇という蛇女に出会った。蛇女がいうには、馬は自分のもとにあるが、自分とまじわってくれないかぎり返さないというので、ヘラクレスは蛇女と関係をもった。すると蛇女は、三人の息子を身ごもったので、その子らが成長したときにはどうしたらよいかとヘラクレスにたずねた。ヘラクレスは、弓の引き方(あるいは弦の張り方)と帯の締め方を示し、自分と同じ仕種をすることができた者に王位を継がせるようにと答えて、弓と金の盃のついた帯を与えた。三人が成長すると、蛇女はその命令どおりにし、長子と次子は課題をはたすことができずに国を去り、末子のスキュテスはすべてを成しとげて国にとどまった。スキタイの代々の王はこ

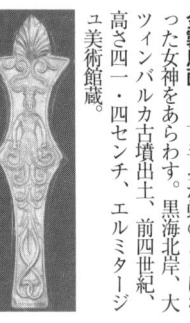

のスキュテスの子孫であるという。

　この二つの説は、ともに父親が外来の神で、母親が地元出身である点、三人の男子が生まれるが末子だけが資格試験に合格する点、天あるいはヘラクレスが金製品や道具を与える点で、共通している。この神話にかんしては、フランスのデュメジルや日本の吉田敦彦がインド・ヨーロッパ語系の神話▲と比較する説を発表している。筆者は、弓と帯という騎馬遊牧民に典型的な武器と服装の一部が登場する第二の説が本来のスキタイの神話に近く、スキタイが黒海北岸の定住農耕民を支配するようになってから、農耕具がでてくるような神話に改変されたのではないかと考えている。

ヘロドトスが太鼓判を押す説

　ヘロドトスは、このほかにもう一つの説を紹介している。それによれば、スキタイは初めアジアの遊牧民であったが、マッサゲタイ▲人に攻め悩まされた結果、アラクセス川をわたってキンメリア地方に移り、そこにいたキンメリオイ▲(キンメリア人)を追いはらってかわりに住みついたという。この説はギリシア

▼インド・ヨーロッパ語系の神話　デュメジルは、インド・ヨーロッパ語系の社会が神官、戦士貴族、農民の三階層からなると説いた。スキタイ（言語的にはイラン系、すなわちインド・ヨーロッパ語系）も例外ではなく、神話にでてくる金盃は神官が使う聖杯、戦斧は戦士のもちもので、犂とくびきは農民を象徴すると考えた。

▼マッサゲタイ　中央アジアにいた騎馬遊牧民。スキタイと同系と思われる。馬を犠牲に捧げて、太陽を崇拝していた。アケメネス朝ペルシアのキュロス大王（在位前五五九〜前五三〇）はマッサゲタイに侵攻したが、マッサゲタイの女王トミュリスに敗れ、激戦のうちに戦死した。

▼キンメリオイ　ヘロドトスによれば、スキタイに追われて黒海北岸から西アジアに侵入した騎馬遊牧民。世界史上最初の騎馬遊牧民の名はキンメリオイに与えるべきだとする主張もある。その存在を西アジアだけに限定する説もある。アッシリアの粘土板文書によると、両者は別々に前八世紀末〜前七世紀に西アジアで活動したらしい。

人もバルバロイ(非ギリシア人)も一致して伝えている説であり、ヘロドトス自身もこの説がもっとも信頼できるという。

　スキタイが住みついたキンメリア地方とは、カフカス北方から黒海北岸にかけての草原地帯であることにまちがいはない。しかし彼らがわたったアラクセス川は現在のどの川にあたるのか、またマッサゲタイがどこにいたのかについては、さまざまな説がある。有力なのは、アラクセス川をヴォルガ川あるいは中央アジアのシル・ダリヤとみなし、マッサゲタイの住地を今日のカザフスタン西部かウズベキスタン北部とする説である。

　いずれにしてもこの説によれば、スキタイは別の騎馬遊牧民に攻められ、かなり東のほうから移動して北カフカス・黒海北岸の草原にあらわれ、また別の騎馬遊牧民を追い出したということになる。この説には、第一や第二の説のような神話伝説的な要素はない。ヘロドトスがもっとも信頼できるというのも、当然という気がする。じつはその後のユーラシア草原地帯の歴史を通観すると、この説はごく自然に受け入れられるのである。

　ユーラシア大陸中央部を中心として大集団の移動・侵入の波をながめてみる

▼フン　四世紀後半に東からヴォルガ川をこえてアラン・東西ゴートなどを征服し、東西ローマ帝国に脅威を与えて、民族大移動を引き起こした。言語的にはテュルク系かモンゴル系と思われる。五世紀半ば、アッティラの治世に最盛期をむかえたが、その死後急速に衰えた。

▼アラン　一世紀後半〜二世紀にサルマタイの東方にあらわれた騎馬遊牧民。『後漢書』「西域伝」にみられる「阿蘭」にあたると思われる。サルマタイとは別の集団とする説もあるが、言語的には同じイラン系であったらしい。三五〇〜三六〇年ころ、フンに征服されるが、フン滅亡後もカフカス山中に残存した。

▼アヴァル　六世紀なかごろ、東からカスピ海・黒海北岸にあらわれ、ビザンツに脅威を与えた騎馬遊牧民。言語的にはテュルク系かモンゴル系と思われ、突厥に滅ぼされた柔然の一部とする説もある。その遺跡が今日のハンガリーに多く残る。九世紀初めにカール大帝に滅ぼされた。

と、波の方向に特徴的傾向がみられることに気がつく。南北方向では北から南へ向かう波、東西方向では東から西へ向かう波、この二つの波が圧倒的に多いのである。北から南への波は、草原あるいは森林地帯から遊牧民、狩猟民、半農半牧民が、都市文明をもつ定住農耕地帯へ侵入することによって起こる。

一方、東西間の移動はもっぱら遊牧民同士の衝突を引き起こし、主として草原地帯でおこなわれる。スキタイに続いてはサルマタイが東方からあらわれ、スキタイを滅ぼした。紀元後四世紀後半にはフン▲がやはり東方からあらわれ、サルマタイの後裔にあたるアラン▲を服従させた。それに続いて六〜七世紀にはアヴァル▲が中央アジア北部から草原地帯を西進してヨーロッパにあらわれた。六世紀なかごろにアルタイ・モンゴル高原に勃興した突厥は、アヴァルを追うように一気にアラル海・カスピ海北岸にまで勢力を広げた。さらにブルガル▲、ハザル、マジャル▲、ペチェネグ▲、ポロヴェツ▲(またはコマン、キプチャク)など、主としてテュルク系(マジャルはウラル系)諸族がつぎからつぎへと東方からあらわれた。そして十三世紀には真打ともいうべきモンゴルが登場し、西アジア・東ヨーロッパまでを席巻した。

▼ブルガル　五世紀末にカスピ海・黒海北岸にあらわれたテュルク系を中心とする騎馬遊牧民。七世紀なかごろ、内紛とハザルの侵攻により分裂し、ドナウ川下流に移動した一部はバルカンを支配したが徐々にスラヴに同化された。

▼マジャル　もともとウラル山脈付近にいた言語的にはウゴル系の騎馬遊牧民。八世紀ころ、西進してハザル領北部、南ロシアを通り、九世紀末にハンガリー平原に定着した。ハンガリー人の自称。

▼ペチェネグ　もともと中央アジア西北部にいたテュルク系を中心とする騎馬遊牧民。九世紀初めにテュルク系のオグズに敗れて西進し、マジャルを駆逐してキエフ・ロシアやビザンツに脅威を与えたが、十一世紀に衰退した。

▼ポロヴェツ　十一世紀にヴォルガ川方面から黒海北岸に進出し、ペチェネグを吸収した。十二世紀にはキエフ・ロシア諸侯と対立・協力の複雑な関係をもった。一二二三年にモンゴル軍に敗れ、従属した。

このような東から西への波には、遊牧民集団が別の集団を追い出す場合と、別の集団をのみ込んでしまう場合とがある。ヘロドトスの第三説、すなわちマッサゲタイがスキタイを追い出し、スキタイがキンメリオイを追い出したというのは前者の例で、玉突き式移動とでも呼んだらいいだろう。これにたいし、フンの移動は経路上の諸族(最初はアラン、つぎに東ゴート▲、西ゴート▲)をつぎつぎに併呑して勢力の拡大をもたらした。このような場合、A地からB地へそっくり移動してしまうというよりも、本隊はA地にとどまって遠征隊がどんどん支配領域を広げていくことが多い(モンゴル帝国が好例)。これは雪だるま式拡大とでも呼んでおこうか。

外来起源説を有利に導いた発見

このように状況証拠からみるとスキタイ外来説が有利だが、かつて考古学界ではスキタイ土着説、すなわち初期青銅器時代以来黒海北岸で段階を追って発展してきた文化がついにスキタイ文化となって花開いたとする考え方が定説化していた。それにはいくつかの理由が考えられる。スキタイ研究の中心であっ

▼**東ゴート**　四世紀ころ、黒海北岸にいたゲルマン系の部族。三七五〜三七六年、アランの加わったフンに敗れ、多くがその支配下にはいった。フンの支配から脱すると現ハンガリーからイタリアにはいり、王国を建設したが、五五五年にビザンツにより滅ぼされた。

▼**西ゴート**　東ゴートの西にいたゲルマン系部族。フンの圧迫を受けたため、ドナウ川をこえてローマ帝国に庇護を求めたが冷遇されて反乱を起こし、三七八年にローマ軍を破った。五世紀には南フランスとイベリア半島を支配したが、フランクとイスラーム勢力に滅ぼされた。

た旧ソ連では、どの地域でも歴史は唯物史観にのっとって段階的に発展すると解釈され、他地域からの影響はあまり重視されなかった。またヨーロッパに近いほうが先進的で、東方は遅れるという偏見もあったかもしれない。さらに草原地帯東部には、西部よりも古いスキタイに関係する遺跡が発見されていなかったことが決定的であった。しかし一九七〇年代以降、これらの不利な状況は除去されてきた。とくに重要なのは、トゥバ共和国▲のアルジャン古墳群の発掘調査である。

トゥバの首都クズルから北西へ一〇〇キロほどのアルジャン村の周囲に、大小さまざまな古墳が散在している。そのなかで、一九七一〜七四年に発掘された一号墳はかなり崩れていたが、本来直径一一〇メートルで高さは三〜四メートルの積石塚だったと思われる。石の下には、丸太を井桁《いげた》に組み合わせた槨室が一〇〇近くも確認された。中央の木槨には墓の中心人物と思われる男女（老年男性と成年女性）の遺骸が二体発見され、そのまわりには全部で一五体の遺骸（一体を除き老年男性）と鐙《あぶみ》形銜《はみ》（両端が半円形の鐙のかたちをした銜、ただしこの時代にまだ鐙はない）と三孔銜留め具などの馬具を装着した一六〇頭の馬の遺骸

▼トゥバ共和国　南シベリア、イェニセイ川の源流域にある国。清帝国に属していたが、一九一一年に清が滅亡するとロシアがこの地に食指を伸ばし、ロシア革命後はソ連の勢力圏に組み込まれた。一九二一年からしばらくは名目上、独立国であったが、四四年にソ連に併合され、ソ連が崩壊してからはロシア連邦を構成する一共和国となっている。言語はテュルク語に属するが文化的にはモンゴルに近く、宗教もチベット仏教である。

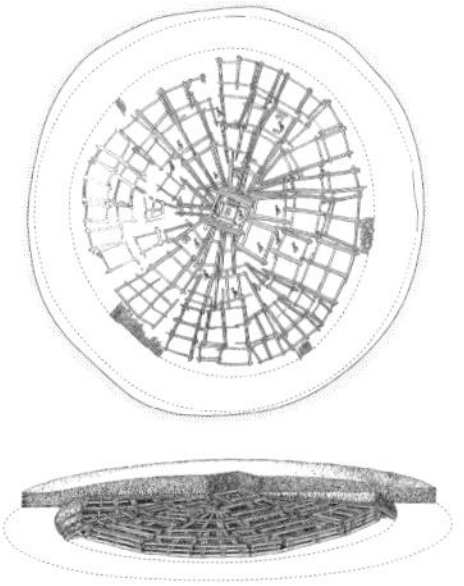

トゥバ、アルジャン一号墳、平面図と推定復元図

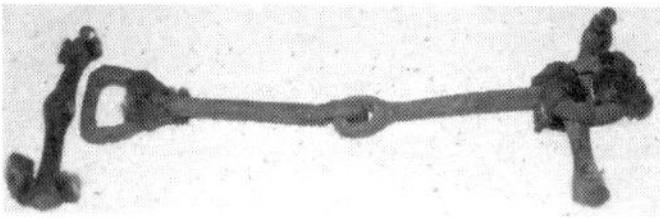

青銅製銜と銜留め具 銜は二枚式で固定するための革紐が一部残っている。トゥバ、アルジャン一号墳出土、前九〜前八世紀、長さ約一五センチ、クズル国立博物館蔵。

青銅製飾り板 体を丸めた猛獣をあらわす。アルジャン一号墳出土、前九〜前八世紀、最大径二五センチ、クズル国立博物館蔵。

が発見された。これら一五体は、殉死者の遺骸と思われる。

古墳のまわりには多数の小石堆《せきたい》があり、そのうち二一基を発掘したところ、羊・ヤギ・牛の骨が若干と、数頭分の馬の骨(頭と脚)が発見された。それから類推すると、石堆全体では約三〇〇頭の馬が殺され、葬儀の参会者に振る舞われたと考えられる。ロシアの研究者によれば、それだけの肉を一度に消費するには少なくとも一万人が必要であるという。

墓室は盗掘を受けていたが、幸いにも多数の青銅製品が残っていた(骨董趣味が一般化する近代以前には、墓泥棒の目当ては金銀製品だけだった)。それらは用途で分類すると、馬具・武器(短剣と鏃《やじり》)・装飾品となる。注目されたのは、それらがすべて草原地帯西部でスキタイが出現する前後の先スキタイ時代か初期スキタイ時代(前九〜前七世紀)に属するものだったことである。

さらに衝撃的だったのは、木材を炭素14年代測定法▲で分析してえられた年代が、前九世紀後半〜前八世紀前半とでたことである。これは明らかに、草原地帯西部にスキタイが出現するよりも古い。また中国北部の内モンゴル自治区周辺の前九〜前七世紀の遺跡にも、同じような短剣と動物文様装飾品が最近発見

▼**炭素14年代測定法**　炭素の放射性同位元素(炭素14)が約五七三〇年で半減する性質を利用して、年代を測定する方法。例えば、遺跡から出土した木材の一部(耳かき一杯程度)を採取して分析し、もし炭素14が五〇%減っているとしたら、その木は今から五七三〇年前に伐採されたことになる。実際の適用には、いくつかの修正を加える必要がある。

ベスシャトゥル古墳群最大の古墳
手前は古墳を取り巻く多数のストーンサークルの一つ。未発掘。

されている。

以上のことから、前九世紀にトゥバの高原にも葬儀に一五人の殉死者と馬具を着けた馬一六〇頭を墓におさめ、一万人の参会者を集めることができる権力者がいたことが想定されるのである。これらの新発見により、ロシアでも近年ではスキタイ東方起源説が有力になりつつある。

草原の古墳時代

モンゴルの大型ヘレクスルやトゥバのアルジャン一号墳は、表面積は大きいものの高さはそれほどでもなく、また墓室は地下ではなく墳丘でおおわれる前の地表面につくられていた。その後、墳丘はより高くもりあげられるようになる。カザフスタン南部のイリ川北岸にあるベスシャトゥル古墳群には、現状で高さ一七メートル、直径一〇四メートルの巨大な古墳がある。墳頂は盗掘者によって大きくえぐられており、当初は高さが二〇メートルはあったと思われる。

墳丘のまわりを九四基のストーンサークルがめぐっている。それらからは灰と煤《すす》のしみ、焼けた獣骨、土器片、ビーズなどが発見され、ここでなんらかの

ベスシャトゥル古墳群、最大の古墳の平面図　墳丘のすぐ周りを石塁がかこみ、その外側をストーンサークルが渦巻状にめぐっている。

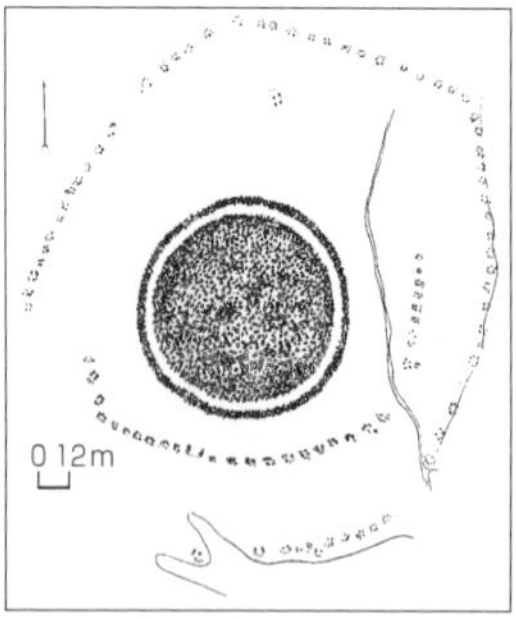

ベスシャトゥル古墳群の墓室の推定復元模型　カザフスタン考古学研究所蔵。

犠牲を捧げた儀礼がおこなわれたことがうかがわれる。この大古墳はまだ発掘されていないが、それより小さい古墳の発掘結果によると、墓室はやや削った丸太を地表面に井桁状に組み上げ、その上を土と石でおおって墳丘がつくられていた。この古墳群は完全に盗掘されていて出土品がほとんどなく、年代を決めることが難しいが、墓室が地上につくられていることなどから前七世紀ころと思われる。

　北カフカスでもやはり前七世紀ころに墓室が地上で高さが二〇メートル近い大古墳がつくられた。誕生したばかりの王権を広く知らしめるためには、なによりも高くもりあげることが必須だったのであろう。ところが、このころから墓室を地下に設け、それを深くする傾向がみられるようになる。墓室の位置が地上から地下に変わった背景には、彼らの死後観念になにか変化があったのではないかとも考えられるが、盗掘を防ぐという現実的な理由もあったであろう。

　前四世紀後半につくられたと思われるチョルトムリク(チェルトムリク)古墳は、高さが二一メートル、直径が一〇〇メートルもあり、黒海北岸では最大の規模を誇るが、墓室も深さ一二メートルに達する。まず井戸のような深い縦穴

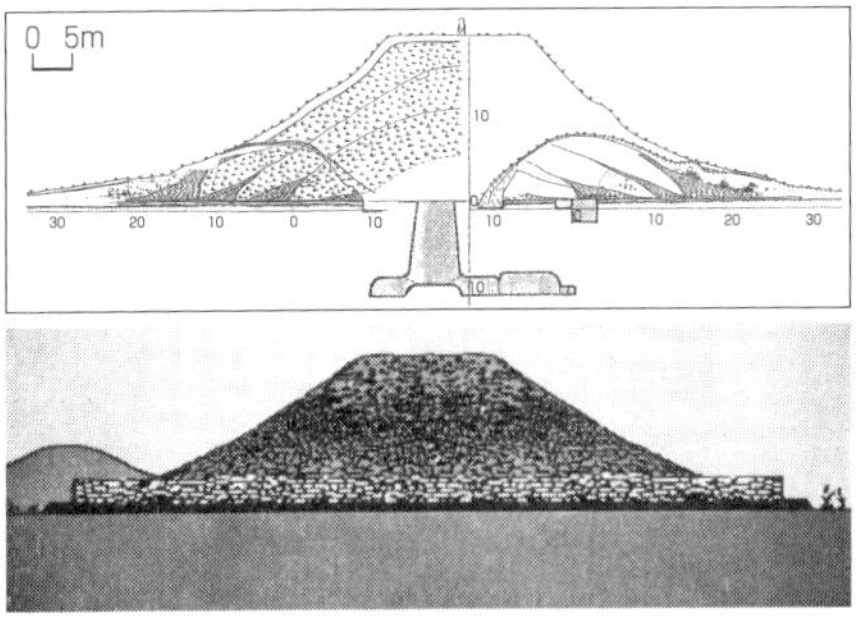

黒海北岸、チョルトムリク古墳、断面図(上)と推定復元図(下)

を掘り、その底から四方に横穴を掘り進めて、そこが墓室とされていた。墓の中心人物の遺骸は荒らされていたが、その妻と思われる女性と九体の殉死者の遺骸が発見された。墳丘下の地表近くには一一頭の馬が葬られていた。

墳丘は、草地を一定の大きさで草をつけたまま切り取り、それを積み上げてつくられていた。チョルトムリクの墳丘の造営には、〇・七五(あるいは〇・八四)平方キロメートルの草原が必要であった。さらに墳丘の外側に高さ約二・五メートル、幅約七メートルの石垣がめぐっていたが、その石の総重量は八〇〇〇トンにのぼる。築造当時の状況を再現すれば、巨大な石のプラットフォームの上に石造りの墳丘がもりあがっているようにみえたであろう。

墳丘内のさまざまな高さ・地点に、葬儀のさいに供献されたと思われる器物や獣骨が発見された。とりわけ石垣の下面に大量のアンフォラ(口の両側に取っ手がつき、丸底か尖った底になった縦長のワイン壺)の破片と獣骨、さらには馬具を着けた馬の骨や人骨も発見された。十九世紀なかごろの発掘でも、全部で二五〇点の鉄製銜が発見されている。これらは殉死させられた人馬にあたると考えられる。

黒海北岸にはこれと同じクラスの古墳がさらに二～三基、それらよりやや小さい古墳が数基、ほかにまだ未調査でこれらに匹敵する古墳もある。さらにそれに続くランクの古墳でも王権を象徴するような金製品が出土することがある。

黒海北岸では、墳丘の高さによってスキタイの古墳を四つのランクに分ける研究が発表されている。それによると、①二二～一四メートル、②一一～八メートル、③七～四・八メートル、④四・五～二メートルに分けられるという。時期による差も考慮しなければならないが、これらのランク分けは、社会の階層分化を示しているのであろう。

日本では古墳の大きさを比較するときに、前方部の先端から後円部の先端までの長さを基準とする。これにたいし、黒海北岸では墳丘の裾が削られている例が多いせいもあって、高さが基準とされているのかもしれない。しかし、高ければ直径も大きかったはずであり、目立ったであろう。人びとにいかにその大きさを印象付けるかという意味では、高さを基準にすることは自然である。まさにスキタイ時代は、草原の古墳時代と呼ぶことができよう。

③—草原に花開いたスキタイ美術

西アジアとギリシアからの影響

スキタイ文化を特徴づける共通要素には、すでに取り上げた古墳をはじめ、鍑《ふく》▲の使用などもあるが、なかでも動物文様と馬具（鐙《あぶみ》形銜《はみ》と三孔・二孔銜留め具）、武器（アキナケス型短剣と両翼・三翼鏃《ぞく》）は、「スキタイの三要素」として広く知られている。このうち馬具と武器とは、まさに軍事優先の騎馬遊牧民ならではの特徴とみることもできよう。動物文様については、猛獣が草食獣をおそう弱肉強食の場面を表現した、いわゆる動物闘争文が、勇猛な騎馬遊牧民にふさわしいスキタイ固有のモチーフと一般に考えられているようだ。ところがそのようなモチーフは、初期スキタイ美術にはない。登場するのは後期になってからである。

スキタイ美術が学界だけでなく一般からの注目をも集めるようになったのは、十九世紀末から二十世紀初めにかけて北カフカスと黒海北岸でスキタイの古墳が多く発掘され、そのうちのいくつかから豪華な金銀製品が発見されてからの

▼鍑　一対の取っ手と台部がついた青銅製の釜。とくに中国北方の遊牧民のあいだで使われた独特な器形の釜を、この名称で呼ぶ。前九〜前八世紀ころに中国北方で生まれ、またたく間にユーラシア草原全域に広まった。スキタイ、サルマタイ、フン、匈奴、鮮卑などで使われた。

青銅鍑　牛頭、同心円、パルメット文様などで装飾されている。チョルトムリク古墳出土、前四世紀、高さ四七センチ、エルミタージュ美術館蔵。

ことである。

黒海北岸には中期から後期のスキタイの古墳が比較的多く、後述するように出土品にはギリシアからの強い影響が認められる。一方、北カフカスの古墳には初期スキタイ時代に属するものが多く、それらからの出土品にはギリシアよりもむしろ西アジアとの関係を示すものが多い。

そのため、かつてはスキタイ美術の起源はギリシアあるいは西アジアにあるとする説が有力だった。とりわけ、スキタイが前七世紀後半に西アジアに侵入▲して二八年間も支配したとするヘロドトスの記述を信用するならば、そのあいだに洗練された先進的西アジア文明に接して、「蛮族」スキタイも美術に目覚めたとする、西アジア起源説が有力だった。ところが草原地帯東部の事情がわかってくるにつれて、東方起源説が優勢になってきたということは、すでに述べたとおりである。まず北カフカスの古墳からの出土品を中心に、初期スキタイ美術にみられる他地域からの影響をみてみよう。

西北カフカスのケレルメス古墳群からの出土品で、玉座の肘掛の装飾といわれている一対の金製品がある(三七頁上右)。両端にライオンの頭部がつけられ、

▼スキタイの西アジア侵入　ヘロドトスによれば、スキタイはキンメリオイを追って前七世紀後半か前六世紀初めに西アジアに侵入し、二八年間そこを支配したという。しかしアッシリアの粘土板文書史料を考慮すると、スキタイはキンメリオイとは関係なく前六七〇年代に西アジアに傭兵として到来し、数十年間各地を荒らしまわったようだ。

金製肘掛装飾(?)　ケレルメス古墳群出土、前七世紀、長さ一九・二センチ、エルミタージュ美術館蔵。

玄《げん》武《ぶ》岩ライオン像　神殿の入り口に立てられていた守護獣。シリア西北部、アインダラ遺跡、前九〜前八世紀。

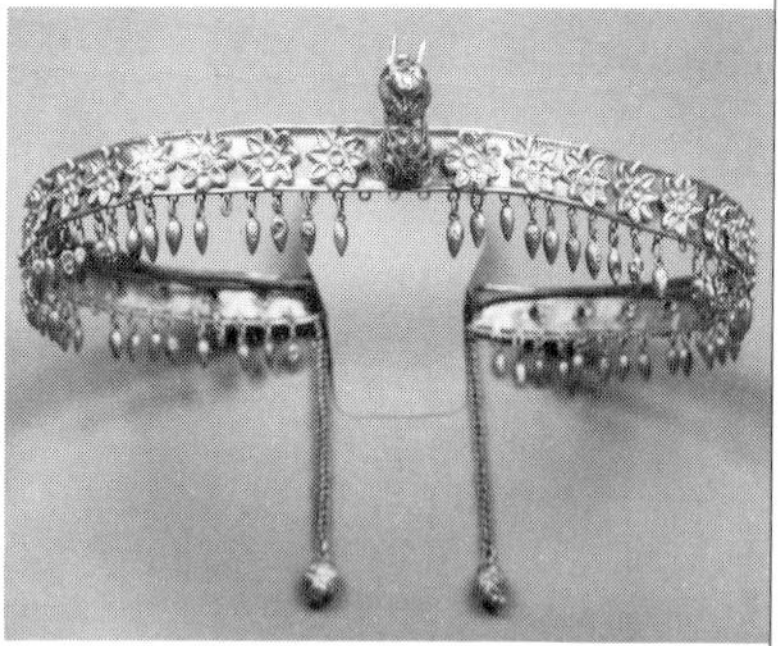

金製ディアデム(右)**と正面グリフィンの首部分**(左)　グリフィンの首とロゼット文、水滴形垂飾がつけられている。ケレルメス古墳群出土、前七世紀、直径二一センチ、エルミタージュ美術館蔵。

▼シュメール　前三二〇〇年かその少し前から、南メソポタミアに世界最古の都市文明を興し、楔形文字でその言語を表記しはじめた人びと。その起源や言語系統については定説がない。前二〇〇〇年ころ、歴史の舞台から姿を消した。

▼アッシリア　本来はティグリス川中流域を指す地域名。前二千年紀の古アッシリア、中アッシリアをへて、前十世紀ころから始まる新アッシリアは領土を拡大し、前八世紀末〜前七世紀前半にはエジプトからイラン西南部まで、西アジアの主要地域を支配した。前七世紀末に新バビロニアとメディアの連合軍によって滅ぼされた。

▼グリフィン　鷲とライオンを合体させた空想上の合成獣。西アジアには前三〇〇〇年よりも少し前から知られており、その後各地域、各時代にさまざまな変化が生まれた。前五〜前四世紀には、アケメネス朝の有角獅子頭グリフィンとクラシック期ギリシアの鷲頭グリフィンがともに草原地帯の東部にまで伝わった。

軸状の部分には羊頭とザクロがつけられている。軸の表面は細かく仕切られて、そこに琥珀《こはく》が象嵌《ぞうがん》されていた（現在はほとんど脱落）。ライオンは古代には西アジア全域に広く生息していた猛獣で、シュメール▲時代からさまざまに表現されているが、このライオンの目や耳、鼻のかたち、鼻の下のしわ、口の開き方（舌は出していないが）は、前九〜前八世紀の西北シリアのライオンに近い。ザクロは一つの実にたくさんの種がはいっているので、西アジアでは古来ナツメヤシと並んで多産豊穣のシンボルとされてきた。とくにアッシリア▲美術にこのような表現が多い。したがってこの装飾品は、純粋に西アジアのものと判断することができる。略奪か贈与か購入かはわからないが、とにかく西アジアからもたらされたものであることはまちがいない。

同じ古墳群から出土したディアデム（鉢巻状王冠）には、グリフィン▲の首がついている（三七頁下）。このディアデムにつけられたグリフィンは、鋭いくちばしを開いて舌をのぞかせ、頭上に長い馬のような耳と丸い突起をつけ、耳の下にはたてがみのような膨らみがあり、首筋には二本の巻き毛が垂れている。これは典型的なギリシアのアルカイック期（前七〜前五世紀初め）の初期の鷲グリフィンである。

スキタイ固有のモチーフ

つぎにケルメスからの出土品で、ギリシアでアキナケス▲と呼ばれたタイプの金装鉄剣とその鞘飾りをみてみよう(四一頁右上)。柄と鞘の覆《おおい》には、さまざまな動物などの文様が打ち出されている。鞘の中心部分には、魚のかたちの翼をつけた空想獣が行進する場面が表現されている。これらはウラルトゥ▲美術に特有の空想獣と考えられる。

鍔《つば》と、同形の鞘の上端には、中央にシンボリックな樹木を配して、その両側に有翼神が表現されている。このような図柄はアッシリア美術によくみられ、中央のナツメヤシの木に有翼神が受粉する場面と考えられている。しかしアッシリアでは有翼神はくるぶしまでのロングドレスを着ているが、この有翼神はひざ下までのやや短めの服を着ている。これは新ヒッタイト▲の有翼神の服装に近い。このように、鞘本体の文様は、アッシリア、ウラルトゥ、新ヒッタイト美術の混合様式といってもよい。

▼アキナケス　鍔の部分が蝶のようなかたちになっているのが、アキナケス型剣の特徴である。このタイプの剣は、スキタイ時代に急速に草原地帯全域だけでなく、隣接する中国北部やイランなどにも分布した。その起源についてはいくつか説があるが、いずれにしても草原地帯のどこかであることはまちがいない。

▼ウラルトゥ　前九～前七世紀、現トルコ、アルメニア、イラン三国が接する高原地域に栄えた王国。軍事的に強国となり、アッシリア帝国に対抗。楔形文字で書かれた碑文や粘土板文書が多数残されているが、その言語はインド・ヨーロッパ語にもセム語にも属さない。前七世紀後半に外敵(おそらくスキタイを含む)の侵入によって衰退、滅亡した。

▼新ヒッタイト　アナトリア高原に栄えたヒッタイト王国が前一二〇〇年ころ滅ぼされたあと、その王族の一部が現トルコ、シリア国境付近に移動して建てたといわれる小王国群。各地にユニークな浮彫りを残した。前七〇〇年ころまでに新アッシリアに吸収された。

▼**アケメネス朝**　前五五〇年、イラン高原西南部に興ったペルシア人の王朝。前五三九年に新バビロニアを滅ぼしたあと、支配を中央アジア南部、エジプト、アナトリア、バルカン半島にまでおよぼし、史上初の「世界帝国」を実現させた。前三三〇年にアレクサンドロス大王によって滅ぼされた。

それにたいし、鞘の上端に大きく張り出した耳たぶ形の部分の文様は、スキタイ美術に典型的なものである。まず、かぎ状にまがった大きなくちばしをもつ鳥の頭を連続させる縁飾りは、初期スキタイ美術の特徴の一つである。耳たぶ形の中央には、立派な角をもつ鹿が表現されている。角は前方と後方に分かれて伸び、首をややもたげて口を閉じている。前脚と後脚をそれぞれ前後から折りたたむように折りまげている。これは典型的な初期スキタイの草食獣の表現である。これとまったく同じような鹿の装飾が、ケレルメスより南東方向に少しカフカス山中にはいったところにあるコストロムスカヤ村の古墳から出土した。これは円形の楯を装甲していたと思われる鉄板の上に発見されたので、楯につけられた装飾と考えられている。

すると、この鞘の耳たぶ形の部分だけはスキタイの職人がつくったものと思いたくなるが、鞘の鹿と楯の鹿には違いがある。それは目の表現にある。鞘の鹿では目の上に弧状にもりあがった部分がある。また目頭と目尻がわずかに出っ張っている。このような目の表現は、新アッシリアの草食獣に特徴的であり、くだってはアケメネス朝▲にもみられる。これにたいして、純粋のスキタイ美術

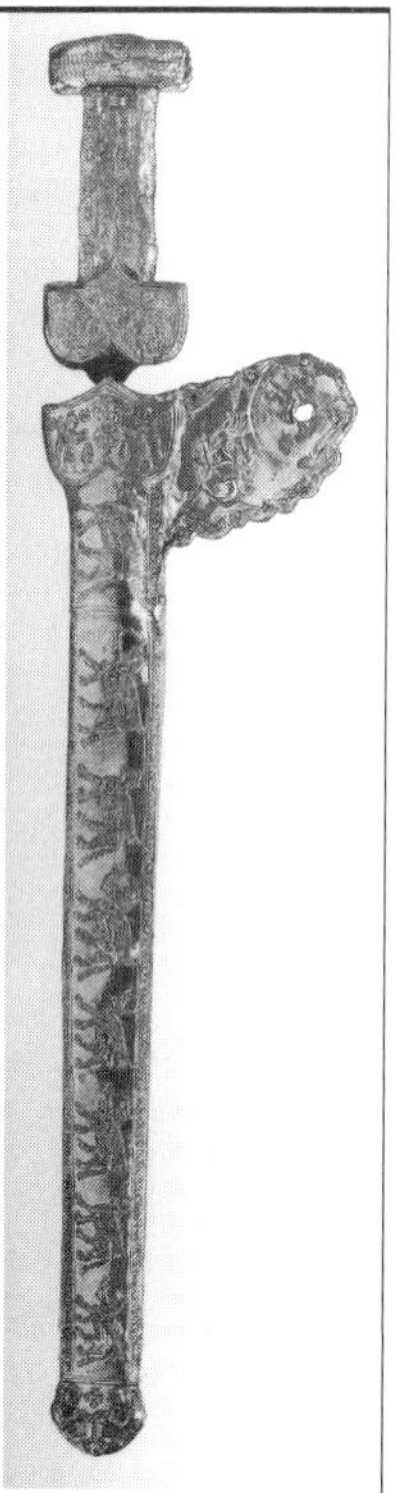

金装アキナケス型短剣と鞘飾り　ケレルメス古墳群出土、前七世紀、柄の長さ一五センチ、鞘の長さ四七センチ、エルミタージュ美術館蔵。

鞘上部、有翼神と聖樹

新アッシリア、アッシュールナツィルパルの王宮浮彫り　ナツメヤシを象徴化した聖樹、前八六五年ころ、大英博物館蔵。

新アッシリア、鹿をかかえる有翼神浮彫り　北メソポタミア、ニムルド出土、前八六五年ころ、大英博物館蔵。

鞘の耳たぶ形部分

金製鹿形装飾　コストロムスカヤ出土、前七世紀、長さ三一センチ、エルミタージュ美術館蔵。

牛の柱頭　イラン、ペルセポリス、前六世紀末〜前五世紀前半。

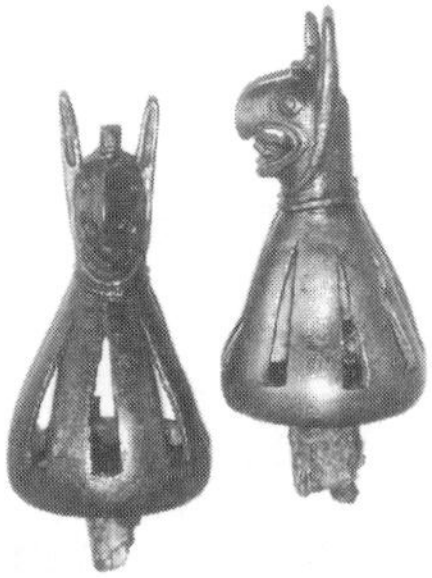

青銅製竿頭飾　グリフィンの頭部を模した飾りがついている。北カフカス、ノヴォザヴェジョンノエ村出土、高さ約二六センチ、スタヴロポル博物館蔵。

では、草食獣も猛獣も目はたんなる小円にすぎない。したがって、ケレルメスの鞘の鹿は、多くの点でスキタイ的だが、目のところだけは西アジア的ということになる。じつは耳たぶ形の縁飾りをなす連続鳥頭文様の目も、同じように表現されている。

それではだれがこれをつくったのであろうか。鞘本体と耳たぶ形の張り出しは一体であるので、別々につくってあとで接着したとは考えられない。おそらく注文主はスキタイの王侯で、アッシリアや新ヒッタイトの美術も知っているウラルトゥの職人に鞘本体の装飾をつくらせたが、耳たぶ形の張り出しはスキタイ好みにつくらせようと、コストロムスカヤ出土の鹿形装飾のようなものを見本として見せた。職人はそれを真似てつくったが、ついうっかり目のところだけはいつものくせで西アジア風につくってしまったのではないだろうか。もしこの考え方が正しいとすると、スキタイは西アジア美術と接したときにすでに自前の美術様式をもっていたことになり、したがってスキタイ美術の西アジア起源説は成り立たなくなる。

スキタイ時代に草原地帯で広く普及したものに、英語でポール・トップ、日本語に訳して竿頭飾《かんとうしょく》と呼ばれる青銅製品がある。これは竿の頂部に装着した飾りで、かならずなんらかの動物がつけられている。草原地帯の西部では動物像の下が鈴になっているか、あるいは鐸がついていて、音がでるような仕組みになっているものが多いが、東部ではそのようなタイプは少ない。その用途については、葬儀のさいに馬をつないだ竿の飾りではないかとする説があるが、確定的ではない。四二頁上段左の図は北カフカスの初期スキタイの古墳から出土したもので、ほかに鹿像のついた竿頭飾が二点出土した。くちばしを開けて舌を出し、頭上に突起がでていることは、前述のアルカイック期のグリフィンと同じであるが、耳とその下の膨らみが区別なく一体化してしまっている。これは、膨らみの意味がわからずに模倣した結果であろう。このように他地域のモチーフがスキタイ化して受け入れられることもあった。

草原地帯東部の初期スキタイ美術

ロシアのエルミタージュ美術館▲には、シベリア・コレクションあるいはピョートル・コレクションの名で知られる黄金製品を展示する部屋がある。一般人

▼エルミタージュ美術館　一七六四年にサンクト・ペテルブルグに開館した世界有数の美術館。エカテリーナ二世らが収集したヨーロッパ絵画で有名だが、スキタイやサルマタイなどの騎馬遊牧民関係の考古資料や、中央アジアのソグド壁画、仏教壁画などのシルクロード美術も重要。

青銅製竿頭飾　猛禽あるいはグリフィンの頭部で縁取られている。西北カフカス、ウルスキー二号墳出土、高さ二六センチ、エルミタージュ美術館蔵。

豹形飾り板　シベリア・コレクション(出土地不明)、前七〜前六世紀、最大径一〇・九センチ、エルミタージュ美術館蔵。

▼初期スキタイ美術の特徴　(1)猛獣の体を丸める。(2)猛獣の脚先を丸くする。(3)草食獣の脚を前後から折りたたむ。(4)鹿と猪の脚を垂直に伸ばして爪先立つ。(5)草食獣の首をうしろに振り向ける。(6)鳥の頭を並べて縁飾りにする。(7)動物の肩から鳥の頭を出す。(8)一頭の動物の体のなかに複数の動物を小さくいれ込む。(9)動物は単独で表現されることが多い。(10)草原地帯西部のスキタイ美術にはギリシアや西アジアからの影響がみられる。

館者がその展示を見るためには、別に許可をえて少人数のグループにまとめられ、監視員の先導のもとに立ち止まらずに、歩きながら見ることが要求される。この別格あつかいされているコレクションは、ピョートル大帝(在位一六八二〜一七二五)のときに収集された盗掘品なのである。

その当時、シベリアから中央アジア北部にかけての地域では、盗掘が横行していた。盗掘といってもねらいは金銀製品だけで、とかして金塊にしてしまって売りさばくという荒っぽいものであった。たまたまとかされなかった盗掘品の一部がピョートルの手にはいると、彼はその文化的価値を認め、盗掘品をとかすことを禁じてすべて買い上げるという勅令を発布した。その結果集まった収集品なのである。

シベリア・コレクションには、初期スキタイ時代から紀元前後のサルマタイ時代のものまで含まれている。初期スキタイに属するものとしては、体を丸めた豹の飾り板がある。口をやや開き、目と鼻の穴は丸く、脚先と尾のさきも丸くなっている。アルジャン古墳出土の飾り板(三〇頁左)とまったく同じモチーフである。

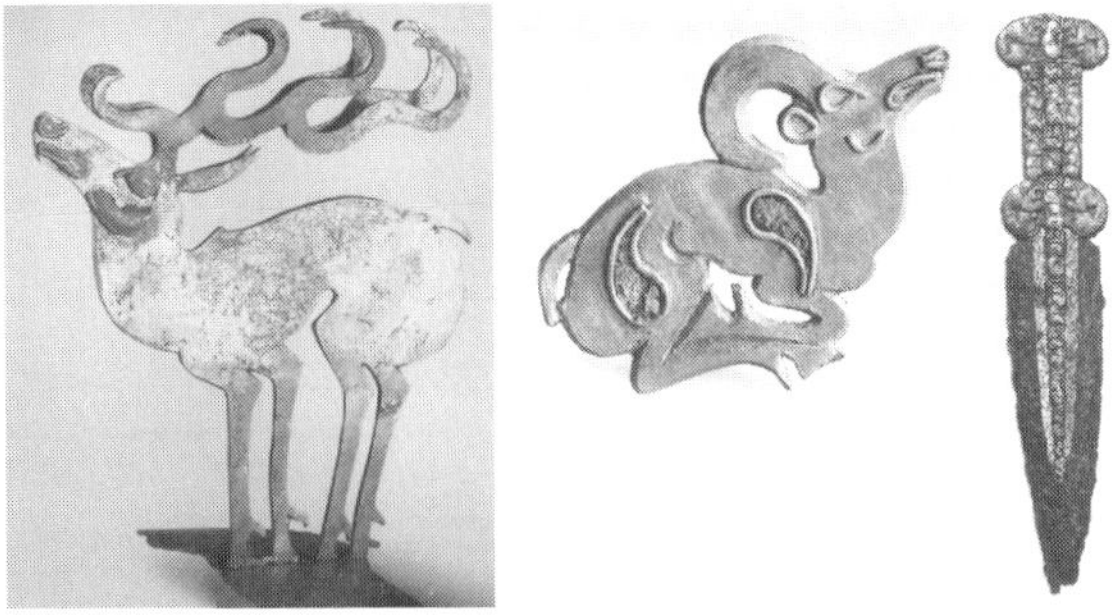

金装鉄製アキナケス型短剣(右)　長さ二八・八センチ。　**金製ヤギ形帽子飾り**(中)　長さ四・五センチ。　**金製鹿形帽子飾り**(左)　高さ六・九センチ。　トゥバ、アルジャン二号墳出土、前七世紀末、クズル国立博物館蔵。

草原地帯東部では初期スキタイ時代の金銀製品は盗掘品しか知られていなかったが、ついに二〇〇一年、墓泥棒の魔手をまぬかれた遺宝がまとまって発見された。場所はあのアルジャン(二九頁参照)であった。エルミタージュ美術館とドイツ考古学研究所の合同調査団が、アルジャン二号墳で金製品だけでも五七〇〇点、総重量二〇キロにも達する遺宝を掘り出したのである。

爪先立った鹿と脚を折りたたんだヤギは、初期スキタイ美術▲に典型的なモチーフである。金装鉄製アキナケス型短剣の柄頭と鍔の部分は、体を丸めた虎のような猛獣がヤギのような動物をはさんで向かい合った状態で表現されている。猛獣が草食獣に直接嚙みついているわけではないので、これではまだ動物闘争文とまではいえないが、後期スキタイ美術に登場する動物闘争文を予感させるものがある。

そのほかに文様上の特徴としては、ギリシアや西アジアからの影響がみられないことも注目される。このことは、両地域からの影響が顕著なパジリクよりも古いことを物語っている。しかしアルジャン一号墳にみられる先スキタイ時代の遺物は発見されていないことを考慮すると、初期スキタイ時代には属するものの、一号墳よりは新しいということが推定される。そのことは、科学的な年代測定法によっても確認された。二〇〇六年にドイツ考古学研究所から、墓室に使われていたカラマツの分析結果が発表され、それによると、ほぼ前六一九~前六〇八年の範囲内、すなわち前七世紀末であり、アルジャン一号墳より二〇〇年ほど新しいという。

この分析結果は重大な意味をもっている。それは、動物闘争文の萌芽ともいえる文様が、前七世紀末に南シベリアの一角に登場していること、そして鉄製品が登場していることである。とくに後者の意味するところは大きい。鉄製品は草原地帯の西部では前七世紀後半から知られているが、東部ではそれより遅く、前五世紀にならないとあらわれないとするのが、従来の常識だったからである。この点は、スキタイ東方起源説にとって唯一ともいえる弱点であった。しかしこの発見で東部における鉄の出現は、一気に前七世紀末にまで遡ることになり、西部との差はほとんどなくなったのである。また、前七世紀末の段階では草原地帯東部にまだ西アジアやギリシアからの影響がないことから、スキタイ美術の東方起源説がますます有利になった。

グレコ・スキタイ美術

草原地帯西部のスキタイ美術には、中間期(前五〜前四世紀前半)をへて後期(前四世紀後半〜前三世紀初め)になると、大きな変化がみられるようになる。西アジアに新たに興ったアケメネス朝ペルシアの影響もみられないことはないが、それよりもギリシアからの影響が顕著にみられるようになる。そのような美術をグレコ・スキタイ美術、すなわちギリシア風スキタイ美術と呼ぶ。

グレコ・スキタイ美術では、パルメットや唐草のような植物文様▲がほどこされるようになったこと、動物表現がより写実的になったこと、そして人間や神々が表現されるようになったことなどが、顕著な傾向として認められる。その一端は、すでにスキタイの起源説話にかんする項(二三頁参照)で紹介した。これらの作品は、黒海北岸のギリシア人植民都市に住んでいたギリシア人職人が、スキタイの王侯の注文に従ってつくったものと考えられている。しかし一般のギリシア美術とは違って、そこにはスキタイの髪型・服装、日常生活と信仰観念など、文献や考古学資料では判断しきれないことが垣間みえる。その一

▼植物文様　パルメットはナツメヤシの葉を手の指のように広げた文様のこと。ナツメヤシは一房に何百という実(干した実は甘くて栄養価が高い)をつけるため、古来メソポタミアでは多産豊穣のシンボルとされてきた。唐草は連続したつる草をデザイン化した文様のことで、東地中海が起源と思われる。

金製胸飾り　ウクライナ、トヴスタ・モヒーラ古墳出土、前四世紀なかごろ、直径三一センチ、キエフ、ウクライナ歴史宝物博物館蔵。

例をみてみよう。

一九七一年に黒海北岸で発掘されたトヴスタ・モヒーラ（トルスタヤ・モギーラ）古墳は、高さが八・六メートル（造営当時は推定で高さ一三・五メートル、直径五二メートル）で、現存するスキタイの古墳のなかでは最大級というわけではないが、二つの墓室のうち一つが荒らされていない状態で見つかったため、注目された。中心部にあった地下墓室（男性とその従者三人が埋葬されていた）はもちろん盗掘されていたが、その隣にあった女性の墓室に盗掘者は気がつかなかったのである。

女性は全身に金製品をちりばめた状態で発見された。頭には冠、首には首飾り、両腕に腕輪、そして衣服に縫いつけられていた小さな金製飾り板が多数発見された。また竪坑と中央墓室の間で発見された胸飾りは、文様帯が三列に分けられている。ロシアの神話学者D・ラエフスキーは、文様帯が三つに分かれていることを、インド・ヨーロッパ語族が一般的に社会を上層（神官）、中層（戦士貴族）、下層（庶民）の三層に分ける観念をもっていることと結びつけて解釈している（一二五頁上段解説参照）。しかしそれぞれの文様帯の内容と社会階層と

牛の親子（右）、**搾乳風景**（左）　トヴスタ・モヒーラ古墳出土、キエフ、ウクライナ歴史宝物博物館蔵。

は合っていない。いちばん外側には動物闘争文があらわされている。中央では二頭の鷲グリフィンが馬をおそい、その両脇ではライオンと豹が猪や鹿をおそい、さらに犬がウサギを追い、そのさきにバッタがいる。この鷲グリフィンは、首筋にギザギザの背びれがついた前四世紀ころのクラシック期ギリシアに典型的な表現である。二番目の文様帯には花とつる草、鳥があらわされている。

内側の文様帯にはスキタイの日常生活が描かれている。中央に羊の毛皮を引っ張っている二人の半裸の男、ついで馬と牛の親子、女性と子どもによる搾乳風景、ヤギ、鳥と続く。現在の中央ユーラシアの遊牧民でも、搾乳は女性と子どもの仕事である。また現在でも牛馬の搾乳をする場合には、まず子牛・子馬に母親の乳首を含ませ、乳がではじめたらすぐに子どもを離して人間が間髪をいれずに搾乳を続ける。上段右側の写真の牛の隣で壺をもっている女性は、子牛が乳を飲みはじめたらすぐに入れ替わろうと待ちかまえているのであろう。このようにグレコ・スキタイ美術からは、スキタイ文化にかんするさまざまな情報をえることができるのである。

パジリク文化

　後期になると、草原地帯の東部にも西アジアやギリシアの影響がおよんでくる。また中国との直接的な交流も始まる。そのようなもっとも早い時期の東西文化交流を象徴する遺跡が、アルタイのパジリク古墳群である。パジリクでは古墳造営直後に盗掘がおこなわれたようだが、そのあと雨水が墓坑に流れ込んでたまり、それが凍結したままとけずに発掘調査時まで保たれていた。その結果、腐朽しやすい有機質の遺物が、おさめられた当時の状況で保存され、遺体もミイラ化していた。

　アルタイのスキタイ時代後期の文化は、全体的にみるとアケメネス朝からの影響が大きいが、土着的要素も色濃く認められる。パジリク五号墳出土の絨毯は、一〇センチ四方のなかに三六〇〇の織り目がある高品質のものである。外側から二番目の文様帯には、帽子をかぶった騎士が下馬して手綱をとり、馬の左側を歩く姿が表現されている。これはペルセポリス▲の浮彫りと構図がまったく同じである。そのためこの絨毯はペルシア産とみなされ、現存する最古のペルシア絨毯として、テヘランにある絨毯博物館にはこのレプリカが展示されて

▼**ペルセポリス**　アケメネス朝の発祥の地であるイラン高原西南部に、ダレイオス一世(在位前五二二～前四八六)が建設した王宮。巨石を積み上げた大基壇(高さ一二〇メートル)の上に、謁見の間、百柱の間、宝蔵庫などが建てられた。帝国内の各地から貢物をもってきた使節たちや謁見する王、動物との闘争を表現した浮彫りは、当時の美術様式だけでなく、服装・武器・家具などを研究するうえで一級の資料となっている。

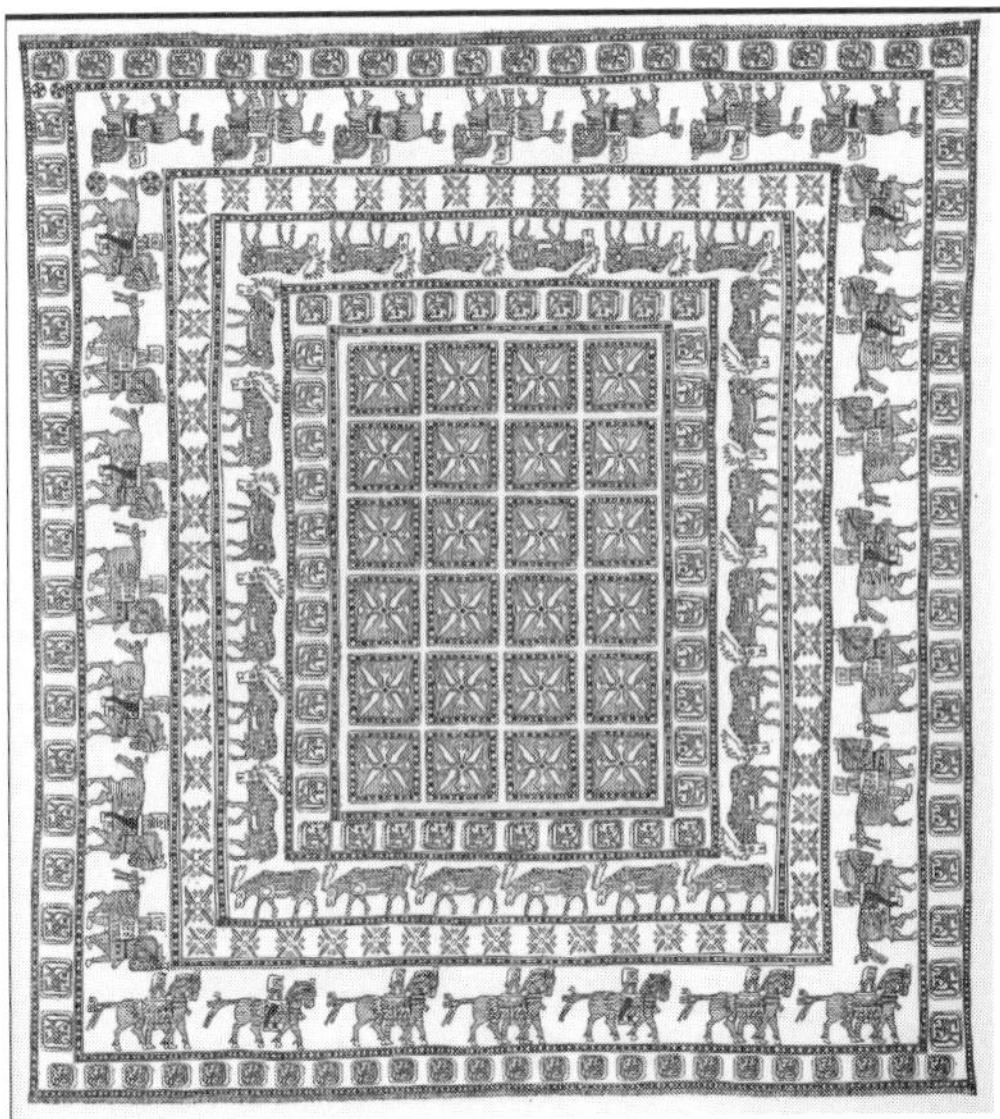

●—絨毯　アルタイ、パジリク五号墳出土（推定復元図）、前四世紀、一八九×二〇〇センチ。

●—絨毯（部分）　鹿の文様（右）と馬の左側を歩く騎士の文様（左）

●—ペルセポリスの騎士の浮彫り　アパダーナ（謁見の間）、東階段浮彫り、前六世紀末〜前五世紀前半。

いる。

　しかし絨毯では下馬した騎士のほかに騎乗した騎士も表現されているのにたいし、ペルセポリスでは皇帝への献上品であるから騎乗されている馬はいない。さらにその内側の文様帯にみられる鹿は、角の形状からみて、明らかにヘラジカである。ヘラジカはユーラシアでは北欧やシベリアの亜寒帯の森林地帯に棲息し、ペルシアにはいない。したがって、この絨毯はアケメネス朝の文様をよく知っているアルタイあたりの職人がつくった可能性が高い。もしもペルシア産だとすれば、アルタイの注文主の意向をかなり取り入れてつくったということになろうが、わざわざペルシアにまで発注するとは考えにくい。

　馬の鞍▲をおおっていたフェルト製の装飾には、グリフィンがヤギをおそう動物闘争文様が表現されている。ヤギは体を一八〇度ひねっている。おそわれている草食獣が体を一八〇度ひねるモチーフは、後期スキタイ美術の特徴▲である。

　さらにこの鞍覆では、おそいかかるグリフィンにも注目したい。このグリフィンの首筋についているギザギザの背びれは、前述のようにクラシック期ギリシアの特徴である。ところが、尻にみられる弓形・小円・小三角形の文様はア

▼鞍　まだこの当時は木製の骨組みをもつ硬式鞍はなく、座布団かクッションのような軟式鞍であった。木製の騎乗用硬式鞍が出現するのは、後三世紀末か四世紀初めのことであり、場所は中国本土であった。

▼後期スキタイ美術の特徴　(1)猛獣が草食獣をおそう動物闘争文様があらわれる。(2)枝角のさき一つ一つをグリフィンの頭部にした合成獣があらわれる（五七頁）。(3)西部ではギリシアの影響が顕著になる。(4)東部にもギリシアや西アジアからの影響がみられる。(5)体を一八〇度ひねったモチーフがあらわれる（東部）。

●—**フェルト製鞍覆**（部分）　アルタイ、パジリク二号墳出土、前五〜前四世紀、エルミタージュ美術館蔵。

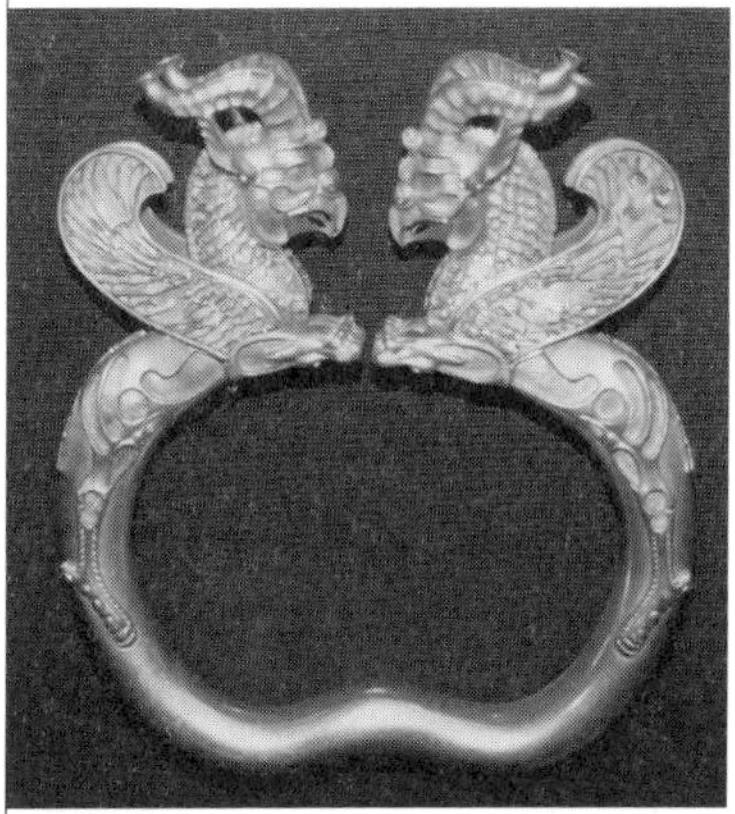

●—**オクサス遺宝、金製腕輪**　中央アジア南部出土、前五世紀、高さ一二・八センチ、大英博物館蔵。

●—**動物闘争文様帯金具**　シベリア・コレクション、前四世紀、長さ一二・三センチ、エルミタージュ美術館蔵。

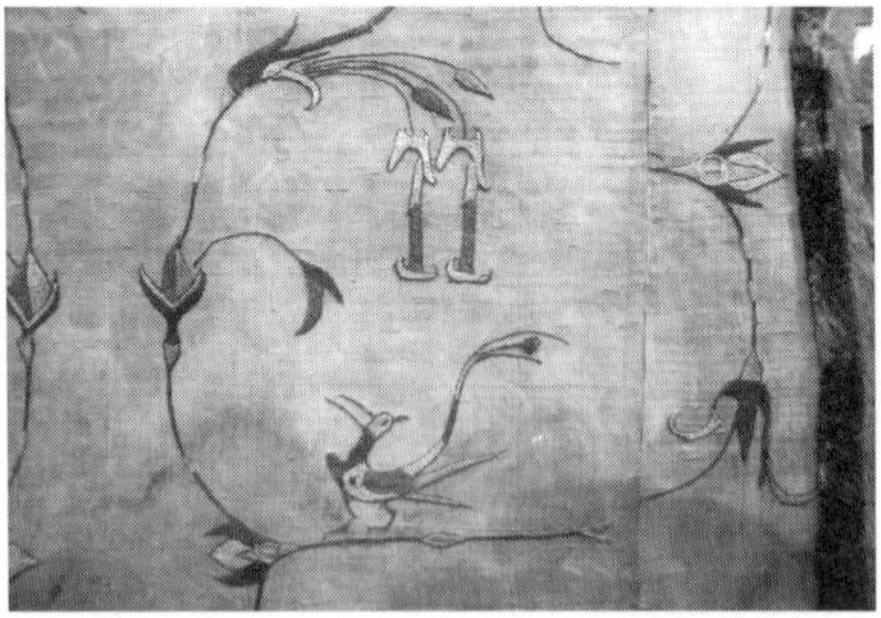

刺繍された絹織物（部分）　パジリク五号墳出土、前四世紀、エルミタージュ美術館蔵。

ケメネス朝の動物の尻にみられる弓形と小円に由来し、それが中央アジアのサカ文化圏に伝わってから小三角形が付け加えられてできあがったものなのである。クラシック期ギリシアの文化は黒海北岸からおそらく草原地帯を東に進んでアルタイに達し、一方アケメネス朝の文化は中央アジアを通って北東に進み、両者はアルタイで合流したのである。

さらに、パジリク文化は東方とも関係をもっていた。パジリク五号墳からは、刺繍された絹織物が出土した。これは、文様からみても明らかに中国からの輸入品である。中国がペルシアやギリシアを知らず、西方世界が東アジアを知らない時代に、アルタイの人びとはペルシアやギリシアと、また中国とも交流していたのである。

本書の冒頭で説明したように、ローマと北京を結ぶ最短コースは、アルタイを通っていた。そしてアルタイは中央アジアを経由してペルシアともつながっていた。張騫《ちょうけん》がシルクロードのいわゆるオアシス・ルートを開拓するよりも二〇〇年近く前に、草原ルートは機能していたのである。

動物形飾り金具　中国、内モンゴル自治区寧城(ねいじょう)県小黒石溝出土、前九～前七世紀、長さ四・八センチ、寧城県遼中京博物館蔵。

④—遊牧国家、匈奴の勃興

匈奴に先だって

匈奴《きょうど》が中国の北方にはっきりとその姿をあらわすのは前三世紀末のことであるが、それより数世紀前の、ちょうど先スキタイ時代から初期スキタイ時代にあたるころに、今日の中国内モンゴル自治区東部とその隣接地域にも、それと共通するような文化が栄えていた。小黒石溝《しょうこくせきこう》出土の青銅製飾り金具には、足と尾のさきを丸くする初期スキタイ時代に典型的な猛獣表現がみられる。

後期スキタイ時代に相当する遺跡・遺物も数多く発見されている。陝西《せんせい》省北部で発見された金製帽子飾りには、鹿のような枝角をもつ合成獣が表現されている。枝角のさき一つ一つと尾のさきがグリフィンの頭部になっているが、これは後期スキタイ時代の動物表現の特徴の一つで、草原地帯各地にみられる。パジリク二号墳に葬られていた遺体はミイラ化して、皮膚のいれずみまでがあざやかに残っていたが、そのなかにこれとよく似た表現がある。いれずみでは枝角と尾のさきだけでなくたてがみもグリフィンの頭部になっていることと、体の渦巻文様が首と前脚にしかみられないことが異なるくらいで、あとはまったく同じである。このように考古学資料からみると、前九世紀から前三世紀ころまで、中国北部も草原地帯の騎馬遊牧民の文化圏の一部であったことがわかる。

一方、『史記』「匈奴列伝」によれば、春秋戦国時代(草原ではスキタイ時代にあたる)に中国の北方や西方には戎《じゅう》や狄《てき》▲などと総称される「蛮族」がいた。しかしこれらがすべて騎馬遊牧民というわけではなかった。例えば秦のすぐ北にいた義渠《ぎきょ》という戎は、二五も城郭を築いていた。趙の東方にあった中山国《ちゅうざん》▲の支配一族も白狄の出身とされているが、都城を築いている。

これらの戎狄は、もともと中国と風俗習慣が異なるからこそ戎狄と呼ばれたのだろうが、第一章で指摘したようなさまざまな条件のもとに、北寄りの自然環境に厳しい地域では騎馬遊牧民に純化し、農耕も十分に可能な南寄りでは農耕を主とする定住民へと変化していったのであろう。このようなさまざまな戎狄が、秦や趙や燕《えん》の近くに混住していたのである。

秦の昭(襄)王《しょうじょうおう》▲のとき、王の母親である宣太后《せんたいこう》が義渠の王と密通し、二人も子

▼戎や狄　中国には古くから、中華を中心として、その外側には中国的な礼を備えていない東夷・西戎・南蛮・北狄と総称する蛮族がいるという、文化的優越意識があった。夷は弓矢を引く人、戎はほこと鎧の重装備、蛮は変わった習俗をもつ動物的存在、狄は中華のわきに住む犬のような存在を意味する。

▼中山国　戦国時代、河北省南部にあった国。戦国七雄にはいるような大国ではなかったが、一九七〇年代に発掘された中山王の墓からは、みごとな青銅器が多数発見された。ただし青銅器にほどこされた動物文様には、騎馬遊牧民の美術と結びつく要素はみられない。前二九六年、趙によって滅ぼされた。

▼秦の昭王(在位前三〇七〜前二五一)　昭襄王ともいう。五六年の長きにわたる治世のあいだに各地に征服戦争を展開し、始皇帝より半世紀も前に、自ら「帝」と称した。

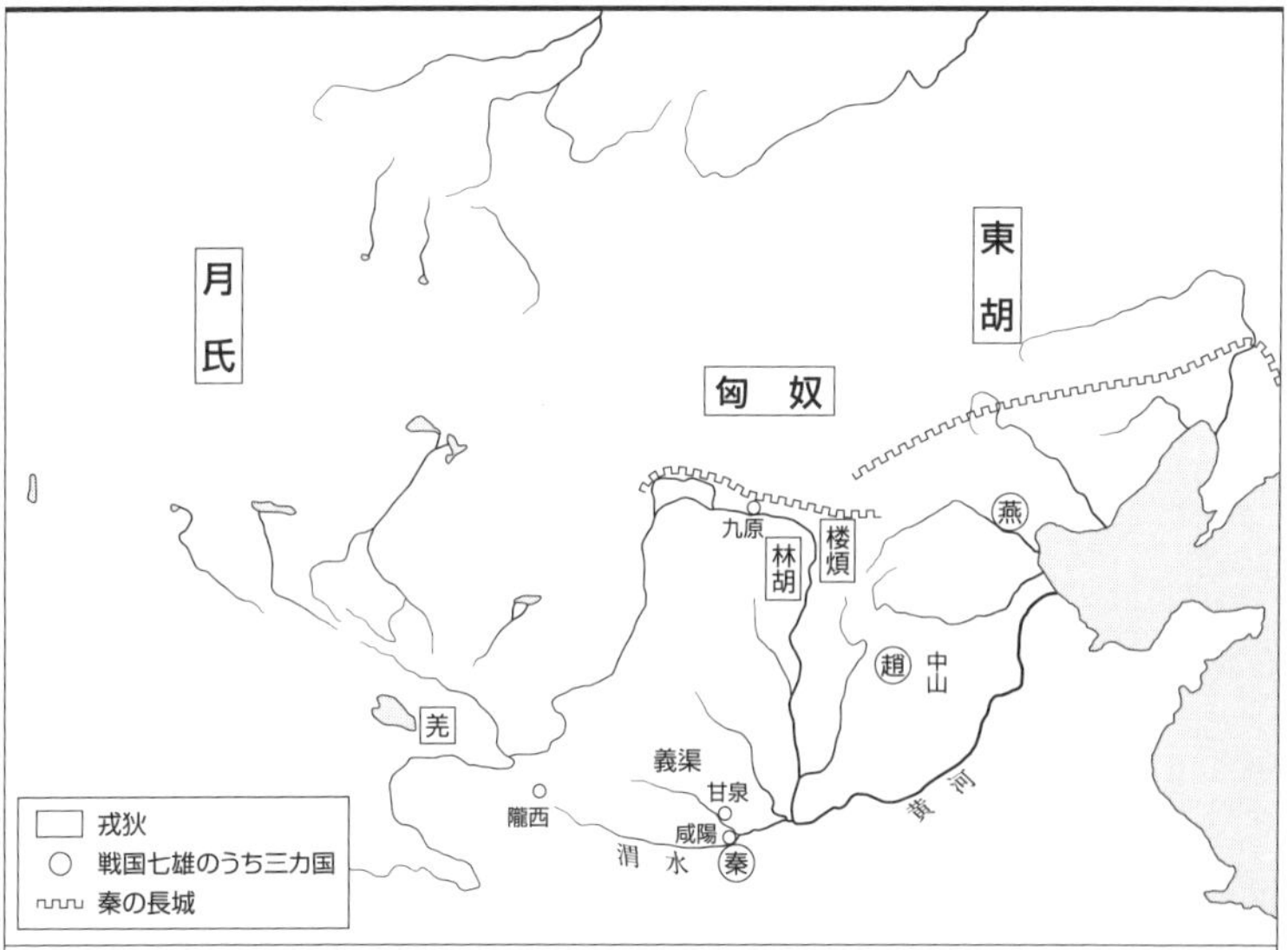

●前三世紀、中国北方の形勢

●金製帽子飾り　陝西省神木県ナリンホトで偶然発見、前四〜前三世紀、高さ一一・五センチ、神木県文物管理委員会蔵。

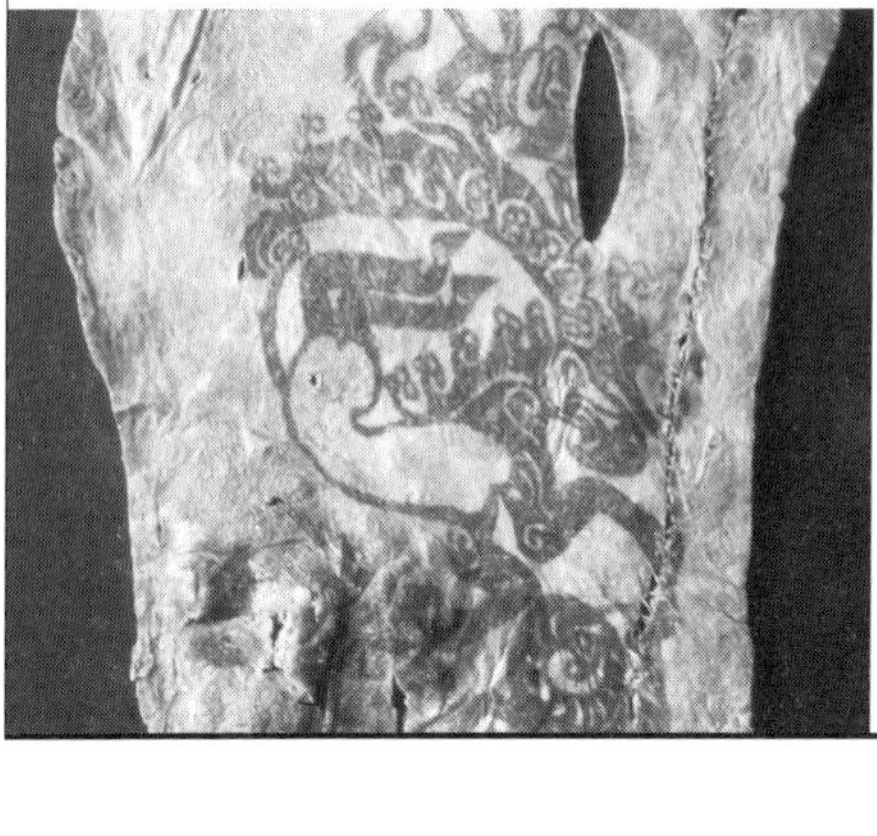

●男性右腕いれずみ　アルタイ、パジリク二号墳出土、前五〜前四世紀、エルミタージュ美術館蔵。

を産んでしまった。密会の場所は、義渠と秦の都である咸陽とのあいだにある甘泉という温泉保養地であった。その後、宣太后はいつわって義渠の王を甘泉に誘い出し、暗殺してしまった。そしてこの機に秦軍は義渠をいっきょに撃ち滅ぼしてしまった。実際にはこの一連の作戦を実行したのは宣太后ではなく、昭王ではないかとも考えられるが、ともかく秦は義渠王をだまし討ちにして義渠を征服するや、ただちに郡をおいて中国化し、長城を築いて、外側の戎狄が侵入してこないように境界線をはっきりとさせた。

燕国には秦開《しんかい》という賢明な将軍がいた。秦開は東胡《とうこ》▲に人質となっていたが、その態度人柄がよかったのだろうか、東胡はとても彼を信用するようになった。ところが人質の期間が終わって燕にもどるや否や、秦開は東胡を襲撃したため、東胡は千余里(四〇〇キロあまり)北方へ退却せざるをえなくなった。すると燕もまた長城を築き、かこい込んでしまった。この一連のできごとは、前三世紀初めのことと思われる。東胡が燕から人質をとったということは、なにを意味しているだろうか。戦国時代には各国のあいだでかなり頻繁に人質の交換がおこなわれている。それは、おたがいに対等の関係にあるという前提のもとにお

▼**東胡**　前三世紀以前に、モンゴル高原東部から大興安嶺山脈にかけて住んでいた遊牧民集団。匈奴に滅ぼされたあと、その末裔が鮮卑と烏桓になったと考えられている。

こなわれたのである。ということは、東胡は戎狄とはいえ、燕と対等の力関係にあると認められていたことになる。

秦・燕に比べると、趙はかなりまともな方法で領地を拡大した。趙の武霊王《ぶれいおう》▲はそれまでの習俗をかえて配下の兵士に胡《こ》(これも北方の騎馬遊牧民にたいする総称)の服装をさせ、騎射、すなわち騎乗したまま矢を射ることを習わせた。その騎馬軍団によって北方の林胡《りんこ》と楼煩《ろうはん》を破り、長城を築いた。

匈奴の登場

胡服騎射の導入によって趙は一時的には優位に立ったが、その後もしばしば北方からの侵入に悩まされつづけた。北辺の将軍であった李牧《りぼく》(前三世紀前半かなかごろの人物)は、匈奴の侵入にたいしてあえて抵抗せず、城内に閉じこもって守りをかためた。そのほうが良策として評価されるほど、北方諸族の勢力は強かったのである。秦、燕、趙は戦国の七雄▲に含まれる強国だったが、それでも戎狄に勝つためにはだますか模倣するほかはなかったのである。

いま、李牧の戦い方の話のなかで匈奴の名を出したが、これは匈奴が文献に

▼**趙の武霊王**(在位前三二五～前二九九、没年は前二九五年)　当時の中国の軍隊は歩兵と戦車兵からなっていたが、胡の騎馬軍団に悩まされていた王は、自軍にも騎射に便利な胡の服装(裾が短くて筒袖の上着とズボン)、いわゆる胡服騎射を採用した。しかし蛮族の服を着ることには抵抗も強く、結局、王は守旧派に殺された。

▼**戦国の七雄**　戦国時代(前四五三／前四〇三～前二二一年)の七つの強国、秦・趙・燕・魏・韓・斉・楚を指す。このうち前三者は北方で匈奴などの騎馬遊牧民と国境を接し、領地を確保するために長城を築いた。

登場するもっとも早い例の一つである。厳密にいうと、前四世紀末に秦あるいは燕に匈奴が近づいた事件を、『史記』「秦本紀」と『説苑《ぜいえん》』（前漢末の編纂）が記載している。しかし本当に匈奴なのか、それとも北方の騎馬遊牧民の代名詞として匈奴の名を使ったのか、いま一つはっきりしない。李牧の場合は、そろそろ匈奴の存在を認めてよいかもしれない。

匈奴がはっきりとその姿をみせてくるのは、始皇帝が天下を統一する前後のことである。『史記』「匈奴列伝」によれば、統一から六年後の前二一五年、始皇帝のもとに「秦を滅ぼす者は胡なり」と記された予言の書が提出された。そこで災いの根を絶つべく、始皇帝は将軍の蒙恬《もうてん》▲に一〇万（本紀では三〇万）人の軍隊を与えて胡、すなわちこの段階では明らかに匈奴を攻撃させた。そして黄河より南の地をすべて占領し、黄河北岸の九原から都の咸陽のすぐ近くまで、直道《ちょくどう》と呼ばれる軍用道路を開通させた。その結果、匈奴は黄河の北方まで後退させられた。

その翌年に、秦は南方の百越《ひゃくえつ》にたいして大軍を送り込んだ。天下統一後のしばしの安定期をへて、始皇帝はこの時期、大規模な対外遠征に打って出たので

▼**蒙恬**（?〜前二一〇）　秦に代々仕える将軍の家系出身。有能な将軍であったがために、始皇帝死後の政治を思うがままに動かそうとした宰相李斯らにうとまれ、偽の詔勅によって自殺に追い込まれた。

ある。南北二正面作戦はそれなりに成功し、南北ともに領土を拡大することができた。しかし始皇帝の命はもはや旦夕に迫っていた。前二一〇年に始皇帝が死ぬと、名将蒙恬は奸臣たちによって自殺に追い込まれ、内乱の勃発によって辺境防衛の防人たちもみな内地へ引き上げてしまった。その結果、匈奴はふたたび黄河を南にわたり、元の境界線で中国と対峙することとなった。まさに、元の木阿弥となったのである。

冒頓の権力掌握

秦の将軍蒙恬によって匈奴が黄河の北に追いやられたころの北方情勢を、司馬遷はつぎのように表現している。「まさにこのとき、東胡強くして月氏盛んなり」。秦に圧迫された匈奴よりも、東胡や月氏《げっし》▲のほうが強盛だったといっているように聞こえる。

匈奴の首長の称号を、中国側の史料は単于《ぜんう》と表記している。当時の単于は、頭曼《とうまん》といった(それ以前の単于の名前は知られていない)。頭曼は、テュルク語で「万」を意味する「テュメン」を漢字で表記したものとする説がある。一万人

▼月氏　前三世紀以前に、モンゴル高原西部から西方に住んでいた遊牧民集団。イラン系とする説が有力。その領域については、今日の甘粛省付近に限定する説と、そこを含めてアルタイ・天山あたりまで広がっていたとする説とがある。パジリク古墳群を月氏の残した遺跡とする説もある。

トルコ共和国の切手に描かれた冒頓
冒頓をトルコでは「メテ」という。現在トルコにはメテという姓もある。

▼冒頓（在位前二〇九～前一七四）　匈奴遊牧国家の首長。モンゴル高原の遊牧勢力を統一し、中央アジアのオアシス地帯にまで支配をおよぼした。「ぼくとつ」という名称は、勇者を意味するテュルク語の「バガトゥル」、モンゴル語の「バートル」と関係があるとする説が有力。

の部隊を率いるリーダーだというわけである。

頭曼単于には、冒頓《ぼくとつ》▲という名の太子（後継者）がいた。ところが冒頓の生母は早くなくなったのか、単于は後妻をむかえた。単于の妻の称号を中国史料は閼《えん》氏《し》（または、あつし）と表記している。この閼氏に子どもが生まれた。頭曼にしてみれば、後妻の閼氏が生んだ子のほうがどうしてもかわいいから、太子にしたい。

しかしなんの落ち度もない冒頓を、にわかに廃嫡するわけにはいかない。そこで頭曼はうまい方法を考えた。冒頓を月氏に人質に出し、そのあいだに月氏を攻撃すれば、月氏は怒って冒頓を殺すだろうと考えたのである。自分の手は汚さずに、冒頓をなき者にしようというわけである。策略が実行されるや、はたして月氏は冒頓を殺そうとしたが、冒頓はどうも父親の手のうちを読んでいたようだ。冒頓は月氏の所有する善い馬を盗み、それに乗って逃げ帰ってきてしまったのである。危機を脱し、しかも敵の善馬まで奪うという手柄を立てたのであるから、頭曼としても「よくやった」と、ほめないわけにはいかない。そこで一万騎を率いるリーダーに取り立てた。

冒頓は鏑矢《かぶらや》▲をつくり、部下には騎射を訓練させた。そして「自分が鏑矢を射るところを射ない者がいたら、その者は斬る」と言明した。鳥や獣を狩りにでかけて、彼が鏑矢を射たところを射ない者は、たちどころに斬った。つぎに冒頓は、自分が乗っている善馬(月氏から盗んできた馬のことか)を鏑矢で射ると、部下のなかには本当に射てもよいものか迷って射ない者がいたが、そのような者はたちまち斬ってしまった。

しばらくして、冒頓は自分の愛する妻を鏑矢で射た。これにはさすがに射ない者がでたが、それもまた斬ってしまった。またしばらくして、冒頓は狩りにでかけ、父親の単于の所有する善馬を鏑矢で射ると、部下は全員がそれを射た。ここにいたってついに、冒頓は部下たちが自分の命令をかならず実行することを確信した。

そして父親に従って狩りにでかけたとき、冒頓は鏑矢で父親を射た。すると部下たちはみな、鏑矢の飛ぶ方向に矢を射かけ、頭曼単于を射殺してしまった。さらに後妻とその子ども、大臣たちのなかで自分に従わない者をすべて殺すと、自ら立って単于となった。それは前二〇九年、始皇帝が没して二世皇帝が即位

▼鏑矢　鏃(やじり)のすぐ下に装着する円形あるいは楕円形の音響発生器。木あるいは骨・角でつくられ、数個の孔があけられている。矢を飛ばすとその孔から空気が通りぬけ、ヒョーヒョーと大きな音を出す。戦闘開始の合図などに用いられる。

骨製鏑のついた鉄鏃(ぞく)　十〜十三世紀、アルタイ共和国博物館蔵。

した翌年のことであった。

以上が、『史記』の語る冒頓による権力掌握のしだいである。少し話ができすぎているような気がしないでもないが、ほかに確認のしようもない。冒頓は、非情な手段を用いて、慎重かつ大胆に事を進めていったことになる。

冒頓の征服活動

四方への征服活動でもまた冒頓は、権力掌握劇にまさるとも劣らない非情振りを発揮した。冒頓によるクーデタのうわさは、すぐに広まった。それを聞いた東胡の王は、頭曼が所有していた千里馬(一日に千里＝約四〇〇キロ走る馬)をほしいといってきた。おそらく内部で権力基盤がかたまっていないから、外部からの要求には弱いと判断したのだろう。即位したばかりの新単于に、ゆさぶりをかける意図があったのかもしれない。

この要求にたいして、冒頓は臣下たちに意見を聞いた。すると彼らはみな「千里馬は匈奴の宝の馬ですから、与えるべきではありません」と答えた。ところが冒頓は、「隣り合わせの国の人がほしいといってきたときに、どうして一頭の馬を惜しむことがあろうか」といって、千里馬を与えてしまった。

冒頓があまりにもやすやすと要求を受け入れたため、冒頓は自分たちのことを怖がっているのだと、東胡の王は思い込んだ。そこでつぎに冒頓の閼氏を一人ほしいといってきた。今度は馬ではなく人間、しかも単于の妻である。冒頓がまた臣下たちに問うと、彼らはみな怒って、「単于の閼氏を要求してくるとは、東胡王は人の道に反しています。攻撃命令を出してください」といった。ところが冒頓は、「隣り合わせの国の人がほしいといってきたときに、どうして一人の女子を惜しむことがあろうか」といって、ついに愛する閼氏を東胡に与えてしまった。冒頓はすでに妻を一人殺しているから、これは二番目の妻ということになるが、おそらく複数の閼氏がいたのだろう。

二回目の要求も冒頓が受け入れたために東胡王はますますおごりたかぶり、西方に侵入しようとした。東胡と匈奴とのあいだには人の住まない捨てられた土地があり、その両側に両国はそれぞれ甌脱《おうだつ》▲をおいていた。東胡はその土地を領有したいといってきたのである。冒頓が臣下たちに問うと、なかには「どうせあの土地は捨て地ですから、与えても与えなくても、どちらでもいいでしょ

▼**甌脱**　『史記』に付された後漢代や三国時代の学者の注によると、甌脱とは、境界にある守備兵や斥候の屯所で、地面に穴を掘ってつくられていたという。

う」と答える者もいた。すると冒頓はおおいに怒り、「土地は国の基本である。どうして与えることができようか」といって、与えてもよいといった者はすべて斬ってしまった。そして馬にまたがると国中に命令を出し、「遅れる者は斬る」といって、東胡を襲撃した。

一方、東胡は冒頓を軽んじて、たいした備えもしていなかったので、冒頓軍はあっという間に東胡王を滅ぼし、その人民と家畜をわがものとした。さきに東胡王に与えた千里馬と閼氏も、取り返すことができたのであろうか。ついで冒頓は返す刀で西に向かい、月氏を攻撃して敗走させ、南方では楼煩などのいる、黄河の南の土地を併合した。その結果、かつて蒙恬に奪われた土地を回復することができた。そして冒頓の擁する軍勢は三〇万余を数えたという。

この征服の過程も、まず馬を犠牲にすることから始まり、つぎに愛妻、そして最後に王を倒すという点では、前記の権力掌握の過程とまったく同じである。これだけ一致すると、なんとなくつくり話のように思えてくるが、これまた確かめようがない。

白登山の戦いと和親条約

　劉邦《りゅうほう》▲(高祖)が項羽《こうう》▲を倒して天下を統一したその翌年、冒頓の単于即位から九年目にあたる高祖六(前二〇一)年の秋九月、北方防衛の要である馬邑《ばゆう》(今日の山西省北部)に駐屯していた韓王信を、匈奴の大軍が包囲した。韓王信はしばしば匈奴に使者を派遣して、なんとか和解の道を探ろうとした。ところがこの行為が劉邦に疑心を生じさせ、韓王信が匈奴につうじているのではないかと思わせてしまった。劉邦が使者を派遣して韓王信を責めると、信は殺されるのではないかと恐れ、馬邑ごと匈奴に降伏し、逆に太原《たいげん》を攻撃するにいたった。

　翌月にあたる高祖七(前二〇〇)年の冬十月▲、劉邦は韓王信を討つべく、自ら軍を率いて出陣した。劉邦は韓王信の背信を怒って晋陽《しんよう》にいたり、しばしば匈奴に使者を派遣した。すると匈奴は精鋭部隊と栄養たっぷりの牛馬をかくし、高齢か弱そうな兵士や痩せた家畜ばかりを見せた。それを見た一〇人ほどの使者はみな「匈奴撃つべし」と進言した。ところが最後に派遣された劉敬という人物は匈奴側の作戦をみぬき、攻撃すべきではないと言上した。だがこのときすでに、漢軍は晋陽の北一〇〇キロの句注《こうしゅ》山をこえていた。勝勢におごってい

▼劉邦(在位前二〇二〜前一九五)　前漢の初代皇帝。現江蘇省沛(はい)県の農民の出。秦末の反乱があいつぐなかで、劉邦は沛県の下級官吏に支持されて反乱を起こした。配下に適材適所の人材をえて、項羽との接戦に打ち勝ち、漢帝国を創始した。建国後は功臣たちをつぎつぎと排除していった。

▼項羽(前二三二〜前二〇二)　戦国時代の楚の国の将軍の家系出身。おじの項梁とともに秦打倒の兵をあげ、おじの死後は反乱軍を指導した。秦の敗残兵数十万を穴埋めにしたり、始皇帝陵を盗掘したりした残虐行為により人心を失い、最後は孤立して劉邦に敗れた。

▼十月　秦と漢の初期には、一年は十月から始まっていた。正月が年の初めと改められたのは、武帝の太初二(前一〇三)年のことである。

た劉邦はそのような不戦論には聞く耳をもたず、いつわりの敗走を続ける匈奴軍を追って、総勢三二万ともいう軍を自ら率い、句注山からさらに北へ一二〇キロあまりの平城《へいじょう》(今日の山西省大同《だいどう》市)に達した。

漢軍の多くは歩兵であった。劉邦が乗っていたのは馬か車か、おそらく車であろうが、いずれにしても歩兵よりは速い。そのため劉邦が平城に達したとき、歩兵はまだ全員が到着してはいなかった。さらに晋陽から平城に到着するまでのあいだに大寒波にみまわれ、雪も降ったために、兵士のうち二、三割は凍傷にかかって指を失う羽目に陥ってしまった。

その機を見計らっていたように、冒頓は精鋭四〇万騎を動員し、劉邦を平城郊外の白登山にかこんだ。遅れてたどり着いた包囲の外側の部隊は、包囲された劉邦の本隊に食糧を送ることも援軍を送り込むこともできなかった。そのような状態が、七日間続いた。進退きわまった劉邦は、知謀の策士、陳平の秘計▲を採用し、たくさんの贈物をもたせて使者を閼氏のもとに派遣した。冒頓単于は遠征に閼氏を連れてきていたのである。

閼氏は冒頓に向かって、つぎのように述べて撤収を勧めた。「両国の君主た

▼陳平の秘計　『漢書』「高帝紀」につけられた応劭(〈おうしょう〉後漢末)の注によれば、陳平が画工に美女の絵を描かせ、それを使いにもたせて閼氏に見せ、皇帝は今困っているのでこのような美女を単于に献上しようと考えているといわせた。閼氏は、そのような美女がきては自分への寵愛が奪われると心配になり、単于に撤収の助言をした。この策略は品性の卑しいものなので公にすることをはばかり、秘計と称したという。この説は、前漢末の桓譚〈かんたん〉の『新論』からでているという。

る者が、おたがいに苦しめ合うというのは、いかがなものでしょうか。いま漢の土地をえたとしても、単于がいつまでもそこに住まうことができるわけではありません。また漢の君主にも神の助けがあるかもしれません。その辺を推察してください」。

冒頓の側にも、やや不安の種があった。冒頓は韓王信の配下の趙利らと落ち合う約束をしていたのに、その期日になっても趙利らの部隊が到着しなかった。趙利らがふたたび寝返って、漢の側についたのではないかと疑いはじめていたのである。そこで閼氏の助言もいれて、囲みの一角を解いた。陳平は全員に一つの弩《ど》に二本の矢をつがえさせたまま、解かれた一角から全速力で脱出し、ついに外側にいた大軍と合流することができた。そうなると匈奴軍もうかつにしかけるわけにはいかなくなり、撤収して去っていった。かくして、南北両勢力の一大決戦となるはずだった戦いは、さしたる戦闘もないまま、匈奴軍優勢のうちに、両軍とも撤収とはあい成った。この段階で一回目の和親条約が結ばれた可能性があるが、詳しい内容はわからない。

冒頓自身は引き上げたが、その配下の一部はなお付近にとどまり、翌年にか

▼弩（訓読みは「いしゆみ」）　引き金式の強い弓。弓の中央に腕木を着け、その腕木の上面に溝を刻んで、そこに矢をいれ、弦にかけた矢を引いて金属製の引き金（弩機）にかけ、引き金を引いて発射する。

けて侵寇が続いていた。苦悩の色を深めた劉邦は、冒頓の伏兵作戦をみぬいていた劉敬を呼び出し、策を問うた。劉敬が勧めたのは、政略結婚と贈物によって匈奴を懐柔する策であった。劉邦は一族のなかから子女を選んで公主(皇帝の娘)とし、冒頓単于に閼氏として嫁がせることを決め、劉敬を使者として遣わして和親の約を結ばせた(前一九八年かその翌年)。

条約の中身は、彼我の軍事バランスを反映して、漢にとって相当厳しいものとなった。漢は匈奴に毎年一定数量の真綿、絹織物、酒、米、食物を献上し、兄弟となるというものであった。このときには具体的にどれくらいの数量だったのか記載がないが、これから一〇〇年あまりのちの前八九年に匈奴の単于が送ってきた書簡のなかにヒントがある。そこには、「歳ごとに蘗酒《げつ》(麴でつくった甘い酒)万石、▲稷米《しょく》(高粱《こうりゃん》)五〇〇〇斛《こく》(石と同じ)、雑繒《ざっそう》万匹▲を供給せよ」とある。ともかく、この条約が結ばれた結果、冒頓は侵寇を「少しやめた」。つまりまったくやめたわけではなく、少しひかえたのである。条約が結ばれたにもかかわらず、なぜ匈奴は侵寇を続けたのか、侵寇の目的、対象はなんだったのかという問題については、第五章で詳しく論じる(七六頁参照)。

▼酒万石　一万石は一〇万斗であり、漢代の一斗は現代日本の一升強にあたるので、酒一万石とは一升瓶にして一〇万本強、一斗樽ならば一万樽ということになる。

▼雑繒万匹　雑繒はさまざまな種類の絹織物。絹一匹は長さ四〇尺、約九メートルに相当する(幅は約五〇センチ)。

⑤―匈奴の隆盛から衰退へ

匈奴の社会構造

『漢書』「匈奴伝《きょうど》」は単于の姓を攣鞮《れんてい》氏とし、単于の正式名称を撐犂孤塗《とうりこと》単于としている。匈奴語では天を撐犂、子を孤塗といい、単于とは広大なさまを意味するという。このうち、撐犂が古代テュルク語やモンゴル語で「天」を意味するテングリを漢字で表記したものであることはまずまちがいない。前一七四年に冒頓単于が漢に送ってきた書簡の冒頭には、「天が立てたところの匈奴大単于が謹んで問う、ご無事でおられようか」とある。単于がなぜ単于であるかといえば、それは天が認めてくれたからだというわけである。このような考え方は、ずっとあとの突厥《とっけつ》にもみられる。一方、孤塗と単于の原語については、まだ定説はない。

攣鞮氏のほかに、最初は呼衍《こえん》氏と蘭《らん》氏、その後、須卜《すぼく》氏と丘林《きゅうりん》氏を加えた四姓が、高貴な氏族とされ、つねに単于と婚姻関係を結んだ。つまりこれらは、単于の姻戚氏族であった。ただし第四章でみたように、漢から嫁いできた公主も閼氏《えんし》とされた。単于についで大きな勢力をもっていたのは、左屠耆《しょき》王と右屠耆王、左谷蠡《ろくり》王と右谷蠡王である。屠耆とは匈奴語で「賢い」を意味する言葉なので、中国史料ではふつう「左賢王、右賢王」と称する。

これら四王に続いて、左右大将、左右大都尉《とい》、左右大当戸《とうこ》、左右骨都侯《こつとこう》がおかれていた。大将と都尉は、なんらかの匈奴の言葉をそれに相当する中国語におきかえたのであろう。一方、当戸と骨都侯は中国にはない官名であり、匈奴語の音を表記したあて字であろう。前三者については説明がないが、骨都侯は、「輔政」するという。おそらく、単于を直接に輔佐(補佐)する宰相のような役職だったのだろう。『後漢書』はこの骨都侯を「異姓大臣」、すなわち攣鞮氏以外の氏族出身であったとする。

左右賢王から左右大当戸にいたるまで、全部で二四人の長がいる。そのうち勢力の大きい者は一万騎を擁し、やや小さい者は数千騎であるが、すべて「一万騎」と称する。二四長はそれぞれ「分地」を所有し、そのなかで水と草を求めて移動していた。「分地」とは領地のことであろう。二四長のもとにはそれぞれ、「千長、百長、什長」がいた。つまり、万騎を率いる二四長にはそれぞれ数人から一〇人までの千長がおり、一人の千長のもとには一〇人の百長がおり、一人の百長のもとには一〇人の什長がいたということになる。

二四長のもとに組み込まれた軍事組織がそのまま社会組織、つまり一般遊牧民を支配統合する組織になっていたかどうかについては、議論は二つに分かれる。匈奴を複数の氏族がゆるやかにまとまって部族を構成している社会とみなす立場に立つと、軍事組織は戦いのときだけに編成されるもので、平時の社会を統合するような全体的な統治機構は存在しなかったということになる。一方、軍事組織がそのまま社会を統合する組織であったとみなす説によれば、匈奴社会はかなり整然としたピラミッド型の統治機構をもつ「国家」の段階に達していたということになる。

筆者自身は、匈奴が漢と対等の外交関係を結んでいたこと、流入した漢人の官僚層の存在が想定できること、租税徴収制度▲が存在したこと、簡素ながら法律・裁判制度が存在したこと、経済・防衛政策に国家的意思が看取されること、漢とのあいだに境界線が存在することが双方に意識され、北側の人民は匈奴の支配に属することが漢にも認められていたことなどから、匈奴は「国家」と呼

▼租税徴収制度　匈奴では、秋、馬が肥えたころに、蹛林(〈たいりん〉大木か枝を何本も立てた祭祀施設か)というところで大集会を開き、人間と家畜の数を調べた。これは労役・租税を課すための集会であろう。同時代の賈誼(かぎ)『新書』「匈奴篇」によれば、五人につき一人を兵士として出したという。

べる水準に達していたと判定している。

遊牧社会のなかの定住地帯出身者

前一七四年のおそらく冬に、冒頓は死んだ。単于位にあること足かけ三六年、享年は不明だがおそらく六十代前半だったろう。その子の稽粥《けいいく》が継いで立ち、老上単于と名乗った。漢の文帝はまた劉氏一族の女子を公主に仕立てて、新単于の閼氏にしようとした。そのさい、公主の付き添いとして、燕《えん》地方出身の宦官中行説《ちゅうこうえつ》(中行が姓)を同行させることにした。説は同行することを渋ったが、漢は無理に行かせることにした。すると説は「自分を行かせると、きっと漢の禍になるだろう」と予言めいた捨て台詞を残して、公主とともに匈奴に旅立った。匈奴にいたると、はたして説は単于に忠誠を誓い、単于も説をそばにおいて重用するようになった。

中行説は、単于にさまざまな助言・提言をおこなっている。匈奴が漢の絹織物や食物を愛好することにたいして、つぎのように意見を述べた。

匈奴の人口が漢の一郡にもあたらないのになぜ強いのかといえば、衣食が漢と異なり、漢から供給を受ける必要がないからです。いま単于が習俗を変えて漢の産物を好むならば、漢の産物が一〇分の二を過ぎないうちに、匈奴は漢化してしまうでしょう。漢の絹織物を着て(草原に多いかたい葉の)草やいばらのなかを馬で走りまわったら、衣服や袴はみな裂けて破れてしまうでしょう。ですからフェルト地や革衣のほうがはるかに優れていることを人びとにお示しになり、また漢の食物をえてもみな捨てて、乳飲料や乳製品のほうが便利で美味であることをお示しください。

獲得した絹の多くは国内消費にあてるのではなく、西方に転売したのだろう。当時西アジアやローマでは絹の製法▲は知られておらず、絹は黄金に匹敵するほど珍重されていたのである。

このほかに、中行説は行政・外交の分野で大きく貢献した。まず彼は、人間や家畜の数を調べるために、単于の側近くにいる者に箇条書きに記すことを教えた。また漢が匈奴に送る書簡の木札の長さは一尺一寸であったが、匈奴が漢に送る木札は一尺二寸に長くし、封印も大きくした。書き出しの言葉も、漢は「皇帝が謹んで問う、匈奴の大単于はご無事でおられようか」というのにたい

▼**絹の製法**　ローマでは羊の実がなる木から絹がつくられると考えられていた。

▼西域　「せいいき」とも読む。漢代には玉門関より西方の、今日の新疆ウイグル自治区に相当する地域を指すが、パミールより西方のウズベキスタン、タジキスタン周辺を含む場合もある。中国より西方の地域を指す用語。

し、匈奴は「天地の生むところ、日月のおくところの匈奴大単于が謹んで問う、漢の皇帝はご無事でおられようか」と、大単于にかかる修飾語を尊大にした。

単于の側近として政治に深くかかわった中行説、投降して匈奴側の将軍となった韓王信など、匈奴で活躍した中国出身者で名前の知られている者は少なくない。だがそれよりはるかに多くの無名の中国出身者、さらに西域の出身者が、匈奴領内には暮していた。

匈奴はしばしば長城をこえて侵入し、略奪をおこなった。略奪というと金銀財宝が目当てであったかのように思われがちだが、じつはその対象はもっぱら人間と家畜であった。『史記』や『漢書』によれば、長城付近の町や村から役人ごとごっそり、何千人という単位で連行されていったのである。そのほかに生活苦から、自らの意思で匈奴領内に逃亡する者もいた。匈奴の間接統治下にあった西域《さいいき》▲からも、人間が集められて匈奴領内に送られていたようである。そのような定住地帯出身者の多くは、農耕に従事させられていたらしい。それを物語るような遺跡が発見されているのである。

▼ブリャート共和国　ブリャーチヤともいう。バイカル湖より東方で、モンゴル国の北に接し、ロシア連邦に属する。主要民族のブリャート人が話すブリャート語は、モンゴル語と同系。十七世紀からロシア帝国に組み込まれていたため、ロシア化が著しい。

蛇行するセレンゲ川の左岸に位置するイヴォルガ遺跡　背後の町並みは首都のウラン・ウデ市。

匈奴領内の定住集落

モンゴル国とその北のロシアに属するブリャート共和国▲との国境付近には、前二～前一世紀、すなわち匈奴時代であることが確認される集落址が、いくつか発見されている。そのうちの一つ、バイカル湖にそそぐセレンゲ川の左岸にあるイヴォルガ集落址は、四重の溝と土塁でかこまれていたことで知られている。現在、溝の底から土塁の頂上までの高さは、最大で一・三メートルしかないが、発掘者によれば造営当事にはその高さは内側で二・五メートル、外側で二メートルだったろうという。土塁の上に柵があったとも推定されている。このような溝と土塁が四重になっていて、その上に柵があれば、騎馬隊の侵入はとりあえず防ぐことはできたであろう。

集落址の南半分が発掘され、五四戸の住居址が確認された。そのほとんどは、地面に一メートル前後掘り込んでつくられた、半地下式住居であった。住居址の東北隅にかまどがあり、そこから北と西の壁にそって暖房用の煙道が走り、西南隅に煙突を設けて排煙していたらしい。集落址のほぼ中央に位置する方形の基壇の上には、半地下式ではなく地上に直接建てられた土壁つくりの住居址

▼**鉄**　鉄は武器の原料となる戦略物資であったため、漢は国外、とりわけ匈奴に流出することを厳しく取り締まっていた。略奪された漢人のなかには、製鉄職人もいたのであろう。鉄精錬の炉址は、漢代中国の炉址と似ている。

が発見された。この住居にも、壁沿いに暖房設備があった。これは規模も大きいため、集落の首長の住居と考えられる。そのすぐ近くには、鉄▲の精錬をおこなった炉の遺構も発見された。

　出土品は極めて多岐にわたるが、とくに注目すべきことは、ほとんどの土器が漢代中国の灰陶とそっくりであること、窯印の捺《お》されたものもあること、鋤・鎌などの鉄製農具も中国のものに類似していること、そして稚拙ではあるが漢字の刻まれた砥石が発見されていることである。ほかに石製の耳杯《じはい》や璧《へき》、戦国時代に多い連弧文《れんこもん》鏡や禽獣文《きんじゅうもん》鏡の断片も出土している。出土した動物骨はほとんどが家畜のもので、犬（二七％）、羊（二一・六％）、牛（一七・五％）、豚（一四・八％）、馬（一三・五％）の順で多かった。このなかでは、モンゴル高原ではめずらしい豚が比較的多いことが注目される。

　ここまで中国的・定住民的要素が濃い特徴ばかりをあげてきたが、出土品のなかには匈奴的・遊牧民的要素も少数ながらみられる。鏃《やじり》（多くは骨製で、若干鉄製と青銅製がまじる）、鉄製の小札《こざね》（鎧の部品）、鍑《ふく》の断片、青銅製帯飾り板などがそうである。

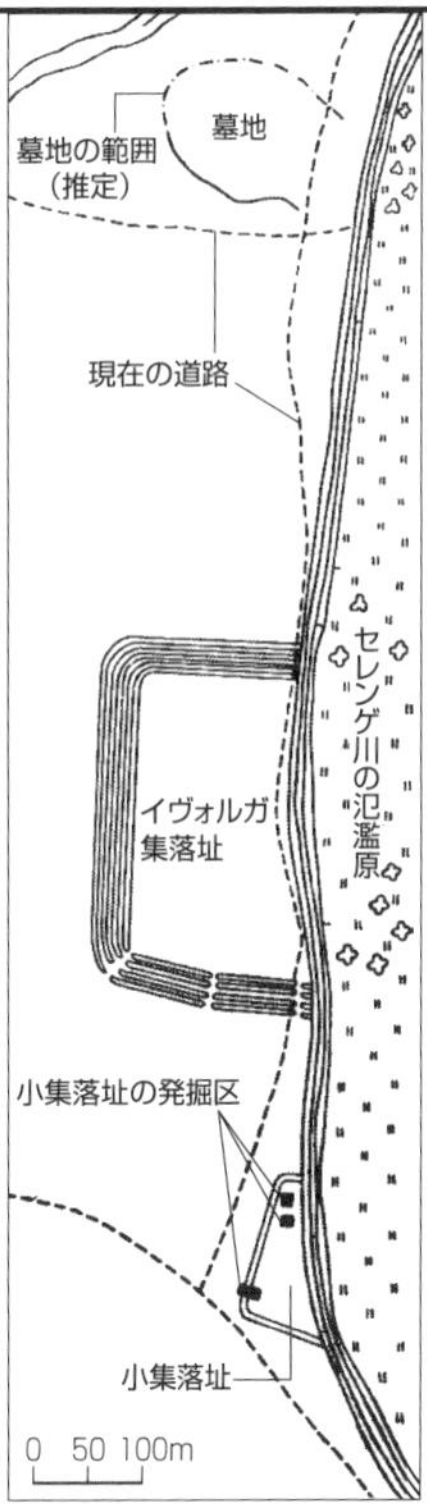

イヴォルガ遺跡

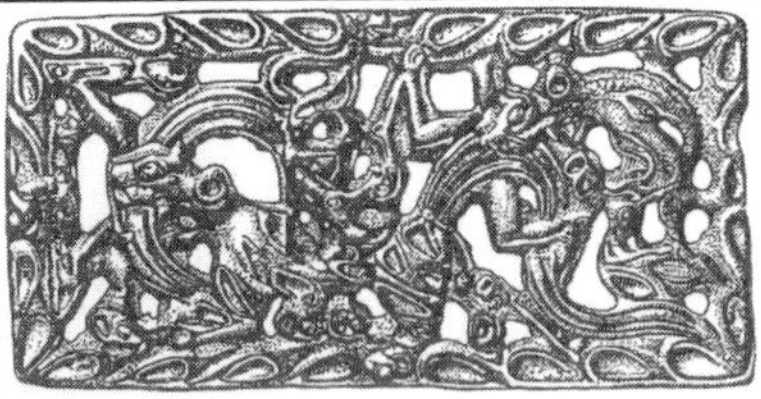

青銅製帯飾り板　イヴォルガ墓地出土、長さ約一二センチ。

砥石《といし》　イヴォルガ集落址出土、三面に左から「黨《とう》、仇、歳」であろうか。

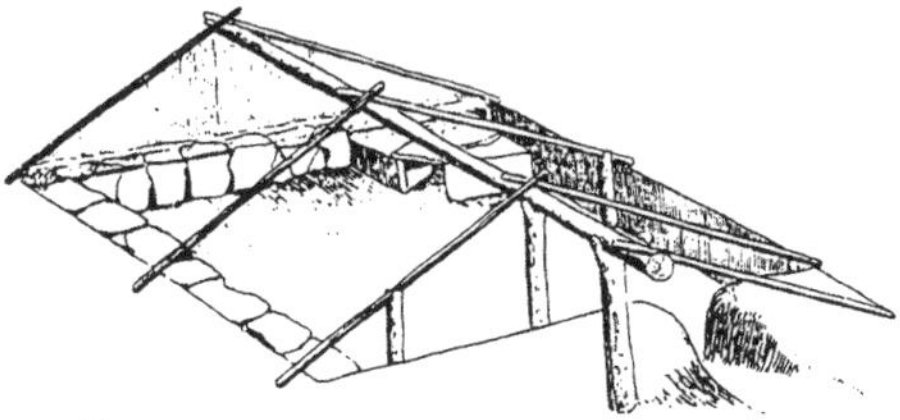

イヴォルガ集落址、半地下式住居の推定復元

イヴォルガ集落址　土塁の断面。

この集落址の住民について、旧ソ連の学界では貧困化した遊牧民が定住化して農民となったとする説が有力だった。しかし中国的要素がこれほど多い点を考慮すれば、略奪されたかあるいは逃亡してきた漢人農民が、匈奴人守備兵の監視のもとに、農耕や鉄器・土器生産に従事させられていたと解釈すべきであろう。位置が相当北に偏っている点については、モンゴル高原では北方のほうが湿潤で河川も多いこと、住民の逃亡の防止、漢からの攻撃を避けやすいこと、より北方の遊牧民、丁零《ていれい》▲にたいする支配拠点の確立などの理由が考えられる。

和親か戦争か

老上単于の時代にも匈奴はしばしば辺境地帯に侵入し、人間と家畜を殺略した。雲中《うんちゅう》郡と遼東《りょうとう》郡がもっとも被害がひどく、それぞれ一万人あまりにのぼった。困った漢は匈奴に書簡を送って和親を求め、前一六二年にふたたび和親条約が確認された。文帝（在位前一八〇〜前一五七）が匈奴に送った書簡によれば、「長城以北の弓を引く（民の）国は単于の命令を受け、長城以内の衣冠束帯の室（国）は朕がこれを制する。……漢と匈奴は隣り合う匹敵する国であるが、匈奴

▼**丁零**　バイカル湖周辺にいた騎馬遊牧民。匈奴の支配を受けていたが、しばしば反乱を起こした。テュルク系とする説がある。

●―前二～前一世紀、中国北方の形勢

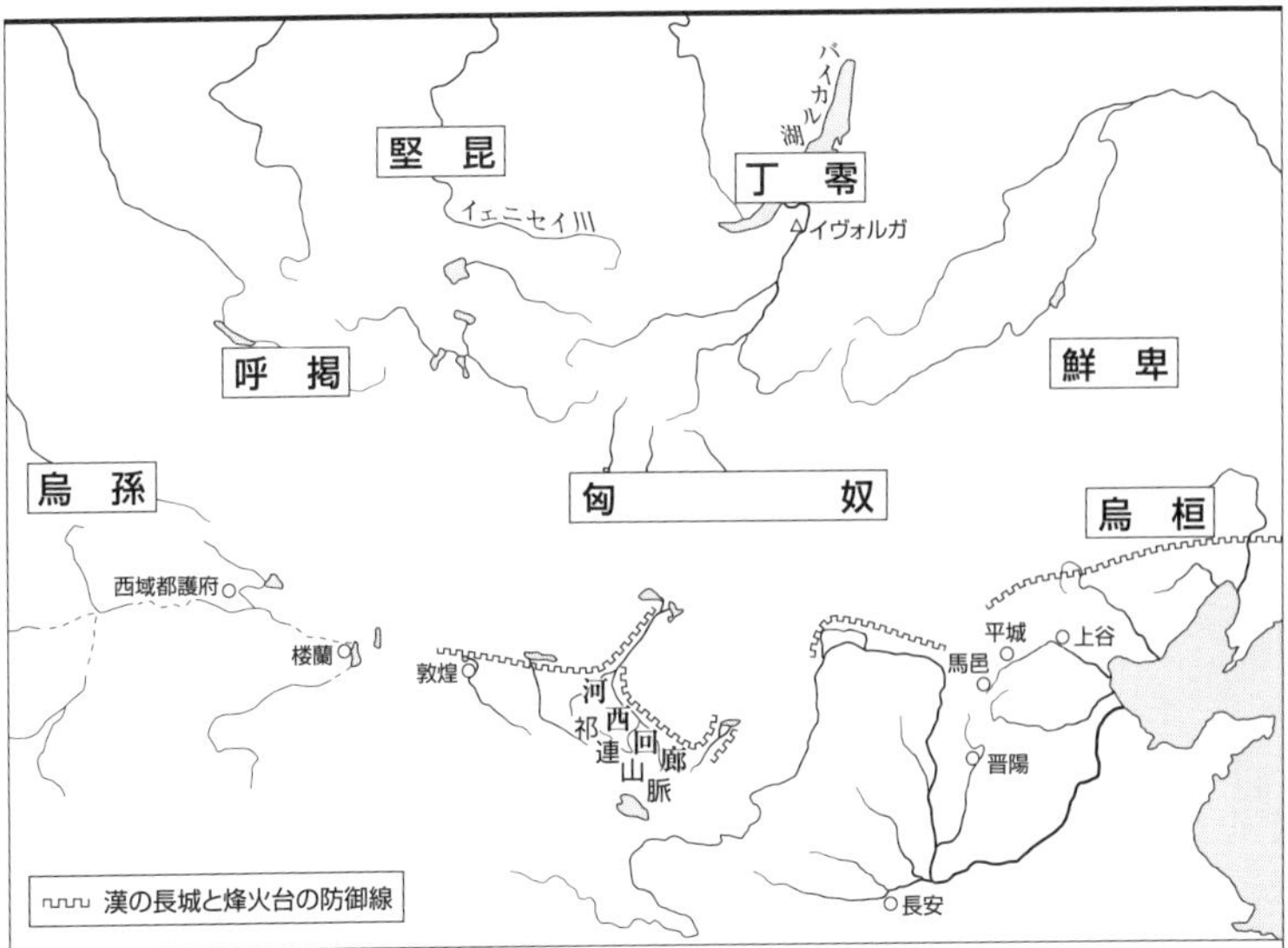

●―匈奴の単于の系図

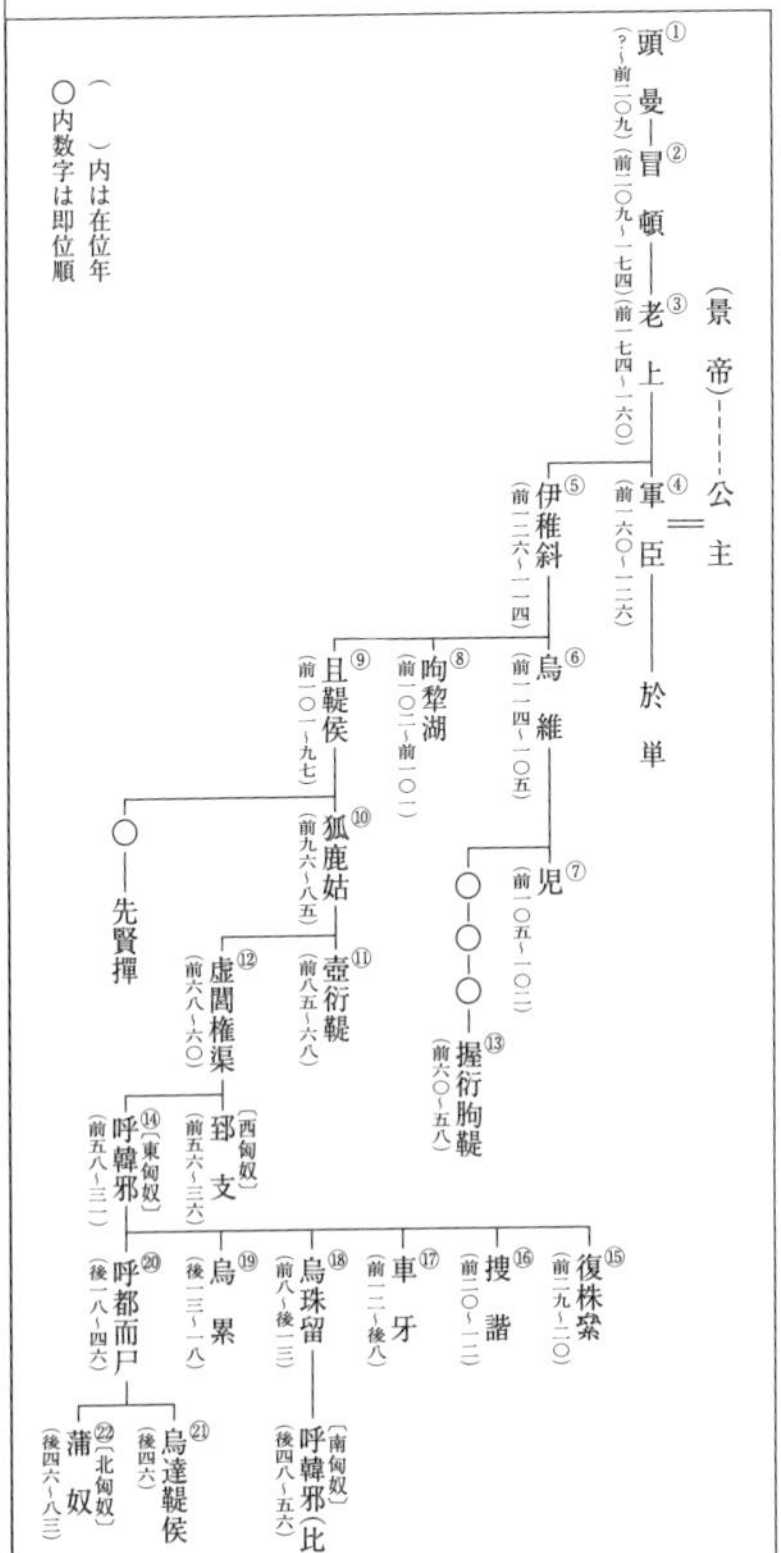

の地は寒く、恐ろしい寒気が早く到来するので、役人に命じて毎年一定量の秫《じゅつ》（もちあわ）、麹、金、絹織物、絹糸、そのほかを送る。……」とある。

この記述から、漢は長城を国境として北側を匈奴の勢力範囲と認め、匈奴を対等の国とみなしていたことがわかる。毎年贈物をする理由を、侵入しない代償としてとはいわずに、気候風土が厳しいから同情しているのだと言い訳しているところに、せめてものプライドが感じられる。

前一六一年、老上の後を受けて軍臣単于が立つと、文帝はまた新単于と和親を確認したが、その後も和親と侵寇が繰り返された。文帝を継いだ景帝（在位前一五七〜前一四一）もまた匈奴と和親を結んだ。そして関市《かんし》▲をつうじさせ、匈奴に毎年贈物をし、公主を送ることも、従来の約束どおりであった。和親条約がそれなりに機能して、景帝の治世には小規模な侵入はあったものの、大規模な侵寇はなかった。

武帝（在位前一四一〜前八七）も即位したときにはふたたび和親を明らかにし、関市を開き、贈物も十分だったので、単于以下みな漢に親しみ、長城付近に往来した。平和は続くかに思えた。しかし武帝は、和親と侵寇の繰り返しという

▼**関市**　国境の関所で開く民間の市（交易）。中国の歴代王朝は原則として民間貿易を認めない立場をとっているが、遊牧国家側の出方により、認めることもあった。関市では遊牧地帯の馬と中国の絹が、おもな交易の対象となった。

状況を根本的に変えようと考えた。防御から攻撃に方針を転換したのである。

まず前一三九年か前一三八年に、西方の大月氏と同盟して匈奴をはさみ撃ちにする作戦を立てて、張騫《ちょうけん》を大月氏に派遣した。しかし張騫はすぐに匈奴にとらえられてしまった。前一三四年には馬邑《ばゆう》をそっくり匈奴に与えるといつわって単于をおびき出し一網打尽にしようとはかったが、これも事前に単于に覚られ失敗した。

武帝がつぎにとった作戦は、正面からの真剣勝負であった。文帝、景帝以来の比較的平穏な時期に、漢の財力は蓄えられ、軍事力も強化されていたのである。前一二九年春、匈奴が上谷《じょうこく》(北京のすぐ西)に侵入し、役人と民衆を殺略していった。これにたいし、満を持していた武帝は、四人の将軍にそれぞれ一万騎を与えて匈奴を攻撃させた。この戦いは、漢からみて一勝二敗一引き分けといったところだったが、徐々に形勢は漢のほうに有利に傾いていった。前一一九年には漢が総攻撃をかけて単于を追い詰め、一時単于の生死が不明となり、右谷蠡王が自立して単于を称したが、本当の単于があらわれたため右谷蠡王は単于位を返上してもとの王にもどるというくらい、混乱状態となった。

しかしあいつぐ外征は、漢の国家財政を破綻寸前に追い込んでいた。そこで漢では歳入をふやすため、前一一九年に塩と鉄が専売制とされ、さらに前一一五年には均輸法▲、前一一〇年には平準法▲が施行された。大商人の利潤を抑制し、その分を国家財政にまわそうとしたのである。もちろん増税もおこなわれた。これらの施策によって人民の生活は苦しくなったが、漢軍はふたたび攻勢にでることができた。

これ以降の漢の進出方向は、北よりもむしろ西に向かっていた。直接匈奴を攻めるよりも、匈奴と連絡をとりあっている羌《きょう》や、匈奴に従属している西域や烏孫《うそん》▲を、匈奴から引き離すことを目標としていた。また、西域に向かう祁連《きれん》山脈沿いのオアシス地帯、いわゆる河西回廊(今日の甘粛《かんしゅく》省)に、大規模に植民をおこなった。国家の税収をふやすとともに、西方に派遣する遠征軍や現地の駐屯軍に食糧を供給する役割が期待されたのである。

内紛と分裂

漢の積極策は、功を奏していった。もちろんときには漢軍が苦戦し、将軍の

▼**均輸法と平準法**　均輸法は各地の特産物を徴収して不足地に転売する政策、平準法は豊年のときに物資を平準倉に蓄え、凶年のときに放出する政策。ともに物価を安定させ、大商人の抑制をも意図した。

▼**烏孫**　天山北方にいた騎馬遊牧民。本来の居住地は今日の甘粛省あたりでそこから移動したとする見方もあるが、根拠に乏しい。当初は匈奴に服属していたが、しだいに漢との結びつきを強め、匈奴から離反した。その領内には定住農耕民がいた可能性がある。

▼李陵　前九九年、武帝に願いて歩兵五〇〇〇人を率いて別働隊として出撃したが単于の本隊と遭遇し、力戦むなしく捕虜となった。ちょっとした行き違いから李陵の一族は武帝によって皆殺しにされ、彼は匈奴の将軍となった。前七四年、没。その悲劇は、中島敦の『李陵』など、後世多くの文学作品に取り上げられた。

▼李広利　妹が武帝の寵愛を受けたため、抜擢されて将軍となった。前一〇四年、武帝の命を受けて大宛(中央アジア、フェルガナ盆地)の弐師(じし)城を攻撃し、良馬をえようとしたが失敗。翌々年にようやく成功する。前九〇年、匈奴に遠征するが深入りしすぎてとらえられる。匈奴では単于に重用されるが、前八八年ころ、讒言を受けて殺される。

▼烏桓　東胡の項(五八頁)を参照。

李陵《りりょう》▲や李広利《りこうり》▲が匈奴に投降するというようなこともあったが、戦局の趨勢は明らかであった。さらに冬の大雪による家畜の斃死《へいし》、後継者争い、年少単于の即位と母親の閼氏の専横、間接的な支配下にあった烏桓《うがん》▲・烏孫・丁零の離反などがあいつぎ、匈奴は追い込まれていった。

　前五六年ころには、五人の単于が並び立つという分裂状態に陥ってしまった。そのなかで勝ち残った郅支《しっし》単于(兄)と呼韓邪《こかんや》単于(弟)とのあいだで決戦がおこなわれ、郅支が勝利をおさめた。敗れた呼韓邪は、重臣の進言で漢の臣下となって援助をあおぐことを決めた。そして南下して長城に近づき、前五三年に子の右賢王を漢の朝廷にいれて、仕えさせた。前五一年には呼韓邪が自ら漢の宣帝(在位前七四～前四九)に拝謁を求めて甘泉宮を訪れ、藩臣と称した。これにたいし、漢からは多くの絹製品や穀物が下賜された。郅支も献上品をもたせて漢に使者を派遣したが、こちらにたいする下賜品は呼韓邪にたいするよりも少なかった。

　郅支は西方と北方に勢力を集中し、本拠を北西方のイェニセイ川上流域の堅《けん》昆《こん》に移したため、郅支の率いるグループを西匈奴、呼韓邪のグループを東匈奴と呼ぶことがある。呼韓邪が徐々に勢力を回復し、漢と共同作戦をとるのではないかと恐れた郅支は、さらに西へ移動して康居《こうきょ》▲と同盟を結ぶことに合意した。しかし西へ向かう途中寒波に遭い、康居に到達したのはわずかに三〇〇〇人だった（前四四年か前四三年）。ともかくも同盟は成立し、康居王は娘を郅支の妻とし、郅支もまた娘を康居王に与えた。

　郅支は康居の兵を借りて烏孫を攻撃し、人間や家畜を略奪した。勝利をおさめると郅支は尊大となり、康居を軽んじるようになった。彼は天山北麓のタラス川のほとりに二年がかりで城を築き、周辺諸国に貢納を要求して反発を買いはじめた。その機をみて、漢の西域都護は西域出身の兵を集めて郅支の城を攻め、単于以下、閼氏や太子など多くを殺した。ここに西匈奴はその短い存在を終えたのである（前三六年）。本来騎馬遊牧民である匈奴が城をつくり、それを守ることには慣れていなかったのだろう。

　一方、呼韓邪単于は漢との関係を深め、前三三年には漢から王昭君《おうしょうくん》▲をもらって閼氏とした。このあとに立った単于たちもおおむね従来の約束を守り、両国の関係は順調だった。両国のあいだに暗雲がただよいだしたのは、王莽《おうもう》が実

▼康居　シル川中下流域を本拠とした騎馬遊牧民。テュルク系ともいわれるが、確証はない。『漢書』によれば、王の居所は夏と冬とで違っていた。中国とは晋代にいたるまで通商関係をもっていた。

▼王昭君　漢の元帝の後宮にいた女性の一人。元帝は絵師に宮女たちの似顔絵を描かせ、それを見て女性を選んでいたため、宮女たちはみな絵師に賄賂を贈って、より美しく描いてもらおうとした。ところが王昭君だけは美人であったにもかかわらず賄賂を贈らなかったために逆にみにくく描かれてしまい、その絵を見た元帝が呼韓邪に与えても惜しくないと判断してしまったという逸話が残されているが、実話とは考えにくい。

権を握ったころからである。王莽は匈奴を蛮族視し、完全に従属国化することを企んだ。これに反発した匈奴は西域諸国をも巻き込んで王莽政権に対抗した。

紀元後一八年に即位した呼都而尸《ことじし》若鞮《じゃくてい》単于(在位一八〜四六)の時期には、王莽が混乱のうちに殺され(二三年)、後漢もまだ政権が安定していなかったこともあって、匈奴はしだいに強盛となった。しかしこの最後の黄金期も長くは続かなかった。またしても後継者争いが起こり、それに蝗《いなご》による害も加わり、匈奴は分裂の危機に陥った。独立を志向する蒲《ほ》奴《ど》単于にたいして、後漢との和親を求めるグループは呼韓邪単于の孫をかついでふたたび呼韓邪と名乗らせて対抗した(四八年)。前者を北匈奴、後者を南匈奴と称する。

このあと、南匈奴は中国との関わりをさらに深め、西晋時代には中国王朝の内紛に介入して五胡十六国時代の幕をあけることになる。一方、北匈奴はますます西進し、二世紀なかごろに天山北方にいたとする『後漢書』の記事を最後に、中国の記録からは姿を消す。北匈奴の一部がさらに西進してヨーロッパにあらわれ、フンと呼ばれるようになったとする、いわゆる匈奴=フン同族説は、いまだに決着のついていない世界史上の大問題として残されている。

参考文献

史料

内田吟風他訳注『騎馬民族史1　正史北狄伝』（東洋文庫）平凡社　一九七一年
司馬遷（小竹文夫・小竹武夫訳）『史記』1〜8（ちくま学芸文庫）筑摩書房　一九九五年
班固（小竹武夫訳）『漢書』1〜8（ちくま学芸文庫）筑摩書房　一九九七〜九八年
ヘロドトス（松平千秋訳）『歴史』上・中・下（岩波文庫）岩波書店　一九七一〜七二年

著作・展覧会カタログ

石黒寛編訳『もう一つのシルクロード——草原民族の興亡と遺産』東海大学出版会　一九八一年
五木寛之編『エルミタージュ美術館4』日本放送出版協会　一九八九年
内田吟風『北アジア史研究　匈奴篇』同朋舎出版　一九七五年
江上波夫『江上波夫文化史論集3　匈奴の社会と文化』山川出版社　一九九九年
江上波夫・佐原真『騎馬民族は来た!?来ない!?——「激論」江上波夫vs佐原真』小学館　一九九〇年
加藤謙一『匈奴「帝国」』第一書房　一九九八年
香山陽坪『沈黙の世界史6　騎馬民族の遺産』新潮社　一九七〇年
川又正智『漢代以前のシルクロード』（ユーラシア考古学選書）雄山閣　二〇〇六年

鞍田崇編『砂漠・牧場の農耕と風土』（ユーラシア農耕史3）臨川書店　二〇〇九年
後藤富男『騎馬遊牧民』（世界史研究双書2）近藤出版社　一九七〇年
小長谷有紀編『北アジアにおける人と動物のあいだ』東方書店　二〇〇二年
小林行雄『古墳時代の研究』青木書店　一九六一年
沢田勲『匈奴――古代遊牧国家の興亡』東方書店　二〇一五年
沢田勲『冒頓単于』（世界史リブレット人14）山川出版社　二〇一五年
『シルクロードの遺宝――古代・中世の東西文化交流』日本経済新聞社　一九八五年
末崎真澄編『馬と人間の歴史――考古美術に見る』馬事文化財団　一九九六年
『大草原の騎馬民族――中国北方の青銅器』東京国立博物館　一九九七年
高濱秀・岡村秀典編『世界美術大全集　東洋編1　先史・殷・周』小学館　二〇〇〇年
田辺勝美・前田耕作編『世界美術大全集　東洋編15　中央アジア』小学館　一九九九年
角田文衛・上田正昭監修『古代王権の誕生Ⅲ　中央ユーラシア・西アジア・北アフリカ編』角川書店　二〇〇三年
デュメジル、ジョルジュ（松村一男訳）『神々の構造――印欧語族三区分イデオロギー』国文社　一九八七年
冨谷至『ゴビに生きた男たち――李陵と蘇武』白帝社　一九九四年
『ナショナル ジオグラフィック（日本版）』日経ナショナル ジオグラフィック社　二〇〇三年六月号
林俊雄『ユーラシアの石人』（ユーラシア考古学選書）雄山閣　二〇〇五年
林俊雄『グリフィンの飛翔――聖獣からみた文化交流』（ユーラシア考古学選書）雄山閣　二〇〇六年

林俊雄『スキタイと匈奴　遊牧の文明』（興亡の世界史02）講談社　二〇〇七年
林俊雄『スキタイと匈奴　遊牧の文明』（興亡の世界史）講談社学術文庫　二〇一七年
ピオトロフスキー、ボリス（加藤九祚訳）『スキタイ黄金美術』国際文化出版社　一九八一年
日比野丈夫ほか編『松田壽男著作集2　遊牧民の歴史』六興出版　一九八六年
藤井純夫『ムギとヒツジの考古学』（世界の考古学16）同成社　二〇〇一年
藤川繁彦編『中央ユーラシアの考古学』（世界の考古学6）同成社　一九九九年
ブラシンスキー、ヨシフ（穴沢咊光訳）『スキタイ王の黄金遺宝』六興出版　一九八二年
籾山明『漢帝国と辺境社会――長城の風景』（中公新書）中央公論新社　一九九九年
護雅夫『李陵』（中公文庫）中央公論社　一九九二年
護雅夫『古代トルコ民族史研究Ⅲ』山川出版社　一九九七年
山田信夫『北アジア遊牧民族史研究』東京大学出版会　一九八九年
山本忠尚「スキタイの興亡」『古代文明の謎と発見9』毎日新聞社　一九七八年
雪嶋宏一『スキタイ騎馬遊牧国家の歴史と考古』（ユーラシア考古学選書）雄山閣　二〇〇八年
吉田敦彦『アマテラスの原像――スキュタイ神話と日本神話』青土社　一九八〇年
ラティモア、オウエン（後藤富男訳）『農業支那と遊牧民族』生活社　一九四〇年
ルデンコ、セルゲイ（江上波夫・加藤九祚訳）『スキタイの芸術――南シベリアと北蒙古の遺宝』新時代社　一九七一年

図版出典一覧

Akishev, K. A., Kushaev, G. A., *Drevnyaya kul'tura sakov i usunej doliny reki Ili*, Alma-Ata, 1963. 32右

Alekseev, A. Yu. et al., *Chertomlyk: Skifskij tsarskil kurgan IV veka do n.e.*, Kiev, 1991. 33下

Archaeological Discoveries in the Valley of the Kings, Tuva, St. Petersburg, 2004. 45右, 45中, 45左

Bunker, E. C., *Ancient Bronzes of the Eastern Eurasian Steppes*, New York, 1997. 57中

Davydova, A. V., *The Ivolga Cemetery*, St. Petersburg, 1996. 79左上

Davydova, A. V., *The Ivolga Fortress*, St. Petersburg, 1995. 79左中, 79左下

Davydova, A. V., *The Ivolginskil kompleks*, Leningrad, 1985. 79右上

Dietz, U. L., "Horseback Riding: Man's Access to Speed?", M. Levine et al. ed., *Prehistoric Steppe Adaptation and the Horse*, University of Cambridge, 2003. 15

Galanina, L. K., *Die Kurgane Von Kelermes*, Moskva, 1997. 41右上

Gold der Skythen, München, 1984. 41左-4, 44, 53下

Gold der Steppe: Archäologie der Ukraine, Neumünster, 1991. 33上

Grjaznov, M. P., *Der Grosskurgan von Aržan in Tuva*, München, 1984. 29

Jettmar, K., *Art of the Steppes*, London, 1967. 51上

Scythian Art, Leningrad, 1986. 24右, 24左, 37下右, 37下左, 41左-1, 41左-3, 48, 49右, 49左

著者提供 3, 11, 13, 17上右, 17上中, 17上左, 17下, 18, 19, 30右, 30左, 31, 32左, 35, 37上右, 37上左, 41右下, 41左-2, 42右, 42左, 43, 51中右, 51中左, 51下, 53上, 53中, 54, 57下, 62, 63, 77, 79右下, カバー表, 扉

©中国文物データセンター 55

Granger ／ PPS 通信社 カバー裏

世界史リブレット98

遊牧国家《ゆうぼくこっか》の誕生《たんじょう》

2009年2月28日　1版1刷発行
2021年11月30日　1版5刷発行

著者：林《はやし》 俊雄《としお》

発行者：野澤武史

装幀者：菊地信義

発行所：株式会社 山川出版社

〒101-0047　東京都千代田区内神田1-13-13
電話　03-3293-8131(営業)　8134(編集)
https://www.yamakawa.co.jp/
振替　00120-9-43993

印刷所：明和印刷株式会社

製本所：株式会社 ブロケード

© Toshio Hayashi 2009 Printed in Japan ISBN978-4-634-34936-0
造本には十分注意しておりますが，万一，
落丁・乱丁などがございましたら，小社営業部宛にお送りください。
送料小社負担にてお取り替えいたします。
定価はカバーに表示してあります。

世界史リブレット　第Ⅲ期［全36巻］

〈白ヌキ数字は既刊〉

93 古代エジプト文明――近藤二郎
94 東地中海世界のなかの古代ギリシア――岡田泰介
95 中国王朝の起源を探る――竹内康浩
96 中国道教の展開――横手　裕
97 唐代の国際関係――石見清裕
98 遊牧国家の誕生――林　俊雄
99 モンゴル帝国の覇権と朝鮮半島――森平雅彦
100 ムハンマド時代のアラブ社会――後藤　明
101 イスラーム史のなかの奴隷――清水和裕
102 イスラーム社会の知の伝達――湯川　武
103 スワヒリ都市の盛衰――富永智津子
104 ビザンツの国家と社会――根津由喜夫
105 中世のジェントリと社会――新井由紀夫
106 イタリアの中世都市――亀長洋子
107 十字軍と地中海世界――太田敬子
108 徽州商人と明清中国――中島楽章
109 イエズス会と中国知識人――岡本さえ
110 朝鮮王朝の国家と財政――六反田豊
111 ムガル帝国時代のインド社会――小名康之
112 オスマン帝国治下のアラブ社会――長谷部史彦
113 バルト海帝国――古谷大輔
114 近世ヨーロッパ――近藤和彦
115 ピューリタン革命と複合国家――岩井　淳
116 産業革命――長谷川貴彦
117 ヨーロッパの家族史――姫岡とし子
118 国境地域からみるヨーロッパ史――西山暁義
119 近代都市とアソシエイション――小関　隆
120 ロシアの近代化の試み――吉田　浩
121 アフリカの植民地化と抵抗運動――岡倉登志
122 メキシコ革命――国本伊代
123 未完のフィリピン革命と植民地化――早瀬晋三
124 二十世紀中国の革命と農村――田原史起
125 ベトナム戦争に抗した人々――油井大三郎
126 イラク戦争と変貌する中東世界――保坂修司
127 グローバル・ヒストリー入門――水島　司
128 世界史における時間――佐藤正幸